本書の特色と使い方

JN094464

教科書の内容を各児童の学習進度にあわせて使用できます

教科書の内容に沿って作成していますので，各学年で学習する単元や内容を身につけることができます。

学年や学校の学習進度に関係なく，各児童の学習進度にあわせてご使用ください。

基本的な内容をゆっくりていねいに学べます

算数が苦手な児童でも，無理なく，最後までやりとげられるよう，問題数を少なくしています。

また，児童が自分で問題を解いていくときの支援になるよう，問題を解くヒントや見本をのせています。

うすい文字は，なぞって練習してください。

問題数が多い場合は，1シートの半分ずつを使用するなど，各児童にあわせてご使用ください。

本書をコピー・印刷してくりかえし練習できます

学校の先生方は，学校でコピーや印刷をして使えます。

各児童にあわせて，必要な個所は，拡大コピーするなどしてご使用ください。

「解答例」を参考に指導することができます

本書p102〜「解答例」を掲載しております。まず，指導される方が問題を解き，本書の解答例も参考に解答を作成してください。

児童の多様な解き方や考え方に沿って答え合わせをお願いいたします。

目　次

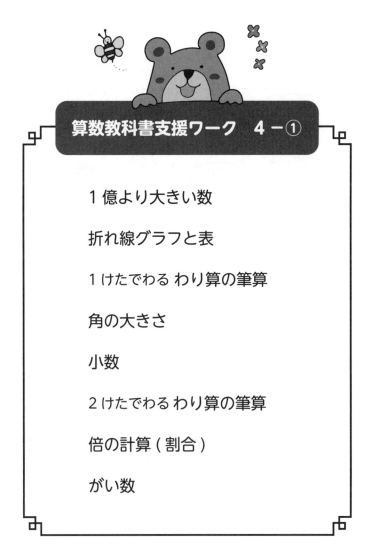

算数教科書支援ワーク　４－①

１億より大きい数

折れ線グラフと表

１けたでわる わり算の筆算

角の大きさ

小数

２けたでわる わり算の筆算

倍の計算（割合）

がい数

● しょうさんとはるかさんが 500 円玉を持って買い物に行きました。残りのお金はいくらになりますか。
2人の買い物のしかたを表す式を線でむすびましょう。

しょうさん

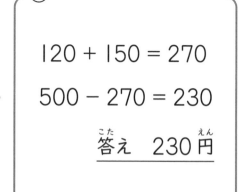

あ

$$120 + 150 = 270$$
$$500 - 270 = 230$$

答え　230 円

はるかさん

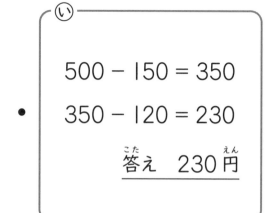

い

$$500 - 150 = 350$$
$$350 - 120 = 230$$

答え　230 円

式と計算 (2)

● はるかさんの買い物のしかたを1つの式に表しましょう。

$$120 + 150 = 270$$
$$500 - 270 = 230$$

持っていたお金　　品物の代金　　残りのお金

$$500 - (\boxed{} + \boxed{}) = 230$$

（ ）のある式では，（ ）の中をひとまとまりとみて，先に計算するよ。

$$500 - (120 + 150) = 500 - \boxed{}$$

❶
❷

$$= \boxed{}$$

❶，❷の
じゅんに
計算しよう。

5

● ひなさんは，500円のももと 200円のりんごを買いました。
1000円さつではらうと，おつりは何円ですか。
（ ）を使って1つの式に表して求めましょう。

式

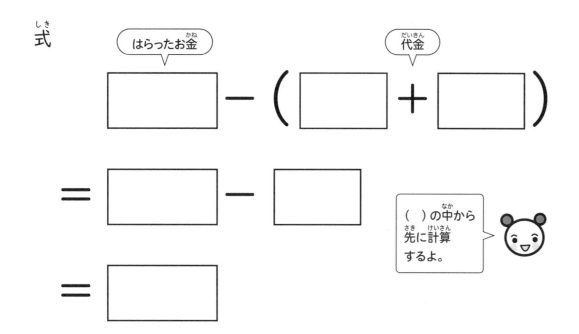

はらったお金 代金

□ － （ □ ＋ □ ）

= □ － □

( )の中から先に計算するよ。

= □

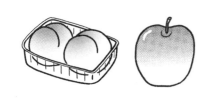

答え □ 円

● 計算をしましょう。

① 43 ＋ （ 18 ＋ 2 ）

= 43 ＋ □

= □

② 90 － （ 27 － 7 ）

= □ － □

= □

③ 56 ＋ （ 14 － 10 ）

= □ ＋ □

= □

● 1こ90円のあんパンと，1こ110円のメロンパンを1組にして7人に配ります。代金は何円になりますか。

（　）を使って1つの式に表して求めましょう。

式

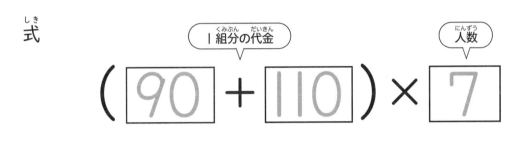

1組分の代金　人数

$$(\boxed{90} + \boxed{110}) \times \boxed{7}$$

$$= \boxed{} \times \boxed{}$$

（　）の中から先に計算するよ。

$$= \boxed{}$$

答え　$\boxed{}$ 円

● 計算をしましょう。

① $(72 - 62) \times 8$

$$= \boxed{} \times 8$$

$$= \boxed{}$$

② $5 \times (3 + 7)$

$$= 5 \times \boxed{}$$

$$= \boxed{}$$

③ $(14 + 16) \times 2$

$$= \boxed{} \times 2$$

$$= \boxed{}$$

式と計算 (5)

		名 前
月	日	

● 1 こ 20 円のあめを 4 こと,
300 円のクッキーを 1 箱買いました。

代金は何円になりますか。

1 つの式に表して求めましょう。

式

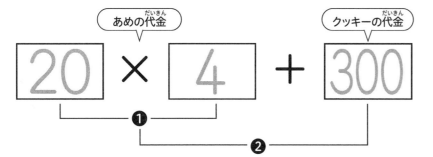

あめの代金　クッキーの代金

= □ + 300

= □

かけ算・わり算は, たし算・ひき算より 先に計算します。

答え □ 円

● 計算をしましょう。

① 6 + 8 × 3

　= 6 + □

　= □

② 25 ÷ 5 × 7

　= □ × 7

　= □

③ 40 − 27 ÷ 9

　= 40 − □

　= □

8

● 計算の順じょにしたがって計算しましょう。

> ・ ふつう, 左から順にします。
> ・ ( ) があるときは, ( ) の中を先にします。
> ・ +, − と ×, ÷ とでは, ×, ÷ を先にします。

① $12 - (6 + 3) = 12 - \boxed{}$

$= \boxed{}$

② $12 \div 6 + 3 = \boxed{} + \boxed{}$

$= \boxed{}$

③ $12 + 6 \div 3 = \boxed{} + \boxed{}$

$= \boxed{}$

④ $12 + 6 - 3 = \boxed{} - \boxed{}$

$= \boxed{}$

⑤ $12 \div (6 \div 3) = \boxed{} \div \boxed{}$

$= \boxed{}$

		名 前
月	日	

● 花（か）だんに赤（あか）いチューリップと白（しろ）いチューリップがさいています。

花（はな）は全部（ぜんぶ）で何本（なんぼん）さいていますか。

1つの式（しき）に表（あらわ）して求（もと）めましょう。

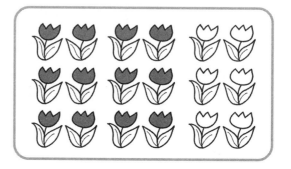

だいきさん

たての花（はな）の数（かず）　　横（よこ）の花（はな）の数（かず）

$$3 \times (\boxed{4} + \boxed{2})$$

$$= 3 \times \boxed{}$$

$$= \boxed{}$$

答（こた）え　　　　本（ほん）

ゆいさん

赤（あか）の花（はな）の数（かず）　　白（しろ）の花（はな）の数（かず）

$$3 \times \boxed{4} + 3 \times \boxed{2}$$

$$= \boxed{} + \boxed{}$$

$$= \boxed{}$$

答（こた）え　　　　本（ほん）

 2人（ふたり）の式（しき）の答（こた）えは同（おな）じになるので, $3 \times (4 + 2) = 3 \times 4 + 3 \times 2$

● くふうして計算しましょう。

① $68 + 96 + 4 = 68 + \boxed{}$

$= \boxed{}$

② $25 \times 7 \times 4 = \boxed{} \times 7$

$= \boxed{}$

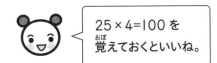

25×4=100 を
覚えておくといいね。

③ $25 \times 32 = 25 \times 4 \times \boxed{}$

$= 100 \times \boxed{}$

$= \boxed{}$

$4 \times \square = 32$

④ $107 \times 6 = (100 + 7) \times 6$

$= 100 \times 6 + \boxed{} \times 6$

$= 600 + \boxed{}$

$= \boxed{}$

⑤ $99 \times 5 = (100 - 1) \times 5$

$= \boxed{} \times 5 - \boxed{} \times 5$

$= \boxed{} - \boxed{}$

$= \boxed{}$

垂直と平行 (1)

垂直

● 下の地図を見て，道がどのように交わっているかを考えましょう。

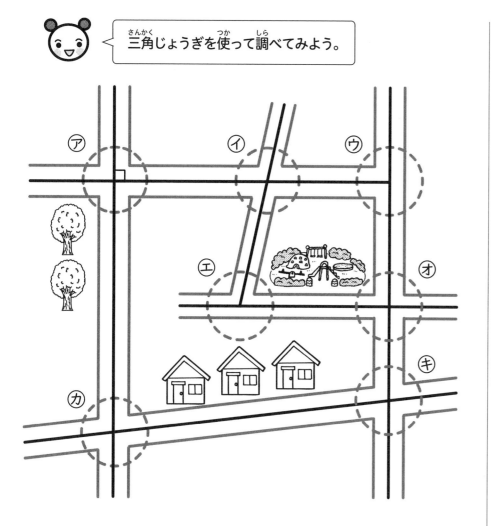

三角じょうぎを使って調べてみよう。

⑦のように，2本の直線が交わってできる角が直角のとき，この2本の直線は垂直であるといいます。

■ ⑦〜⊕で，2本の直線が垂直なのはどれですか。三角じょうぎを使って調べましょう。

[　　　]　，　[　　　]

垂直と平行 (2)

		名 前
月	日	

● 2本の直線が垂直に交わっているのはどれですか。( ) に〇をしましょう。

① ( )

② ( )

③ ( )

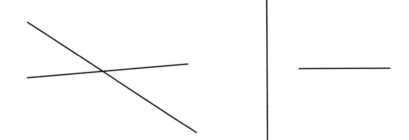

④ ( )

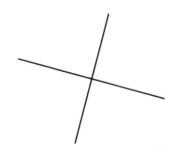
あ
⟶ ⟶ い
いをのばす
⟶
いの直線をのばすと，あと直角に交わるね。

● 下の図で，㋐の直線に垂直な直線はどれですか。三角じょうぎを使ってすべて見つけましょう。

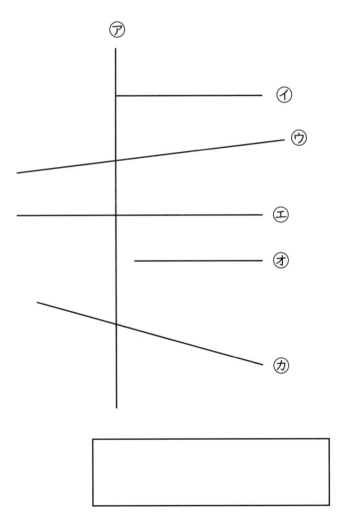

㋐
㋑
㋒
㋓
㋔
㋕

● 点 A を通って，直線 ㋐ に垂直な直線をひきましょう。

①

・A

㋐ ―――――――――

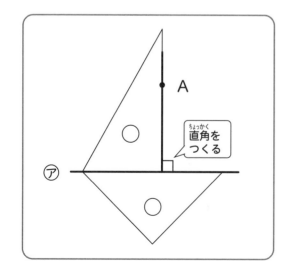

②

㋐

A
●

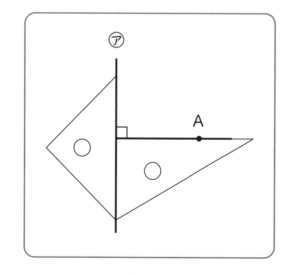

③

㋐

A
●

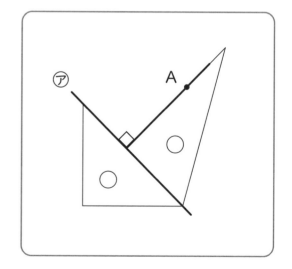

		名前
月	日	

● 下の地図を見て答えましょう。

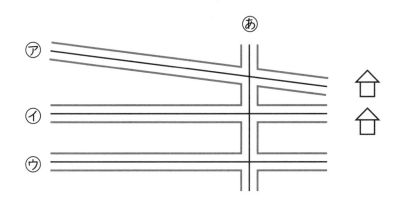

① 直線 ⓘ と直線 ⓦ は，のばすと交わりますか。

② 直線 ⓘ と直線 ⓦ は，直線 ⓐ とそれぞれ

どのように交わっていますか。

に交わる

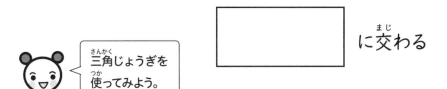

三角じょうぎを
使ってみよう。

1本の直線に垂直な2本の直線は
平行であるといいます。

③ 下の地図で，直線 ⓚ と直線 ⓴ は平行と

いえますか。三角じょうぎを使って調べましょう。

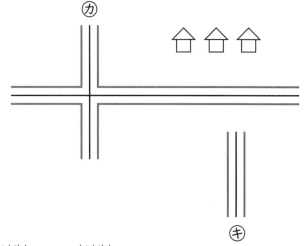

直線 ⓚ と直線 ⓴ は

(平行である ・ 平行ではない)

○をしよう

15

● 2本の直線が平行になっているのはどれですか。

（　）に〇をしましょう。

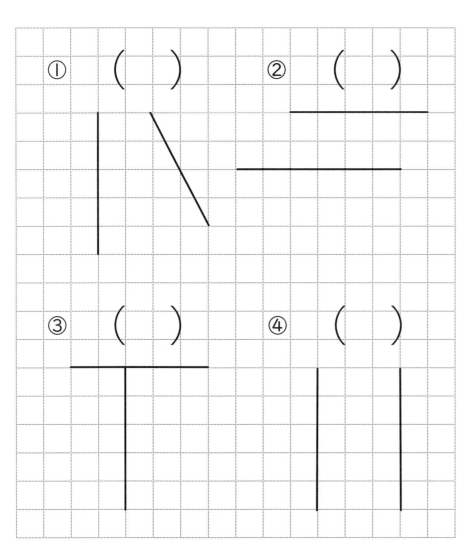

① （　　）

② （　　）

③ （　　）

④ （　　）

● 直線 ⑦ と直線 ⑦ は平行です。

あ，い，う の長さを調べましょう。

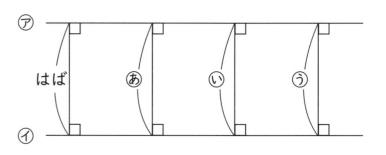

あ 　　　　 cm

い 　　　　 cm

う 　　　　 cm

平行な2本の直線のはばは，
どこをはかっても等しくなっています。

		名前
月	日	

● 下の 3 本の直線 ㋐, ㋑, ㋒ は平行です。
㋐, ㋑, ㋒ の角度を調べましょう。

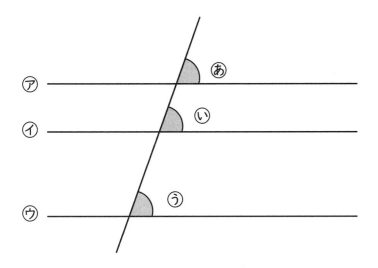

 ㋐ [　　]°　　㋑ [　　]°

 ㋒ [　　]°

平行な直線は，ほかの直線と
等しい角度で交わるね。

● 下の 3 本の直線 ㋐, ㋑, ㋒ は平行です。
㋐, ㋑, ㋒ の角度はそれぞれ何度ですか。

分度器を使わずに
計算で求めよう。

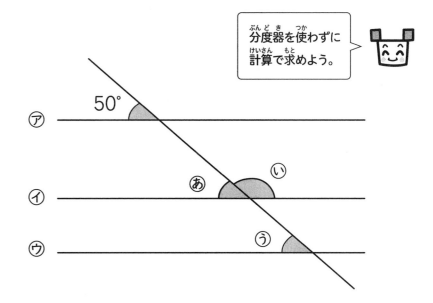

㋐ [　　]°　　㋑ [　　]°

㋒ [　　]°

17

垂直と平行 (7)

平行

名前

月　日

● 点Bを通って，直線⑦に平行な直線をひきましょう。

①

⑦ _____

• B

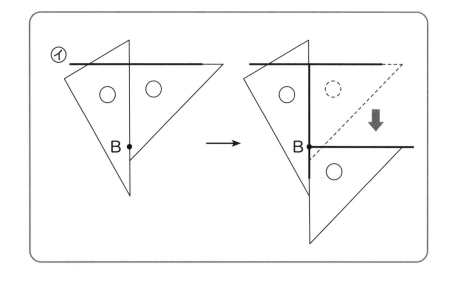

②

⑦

• B

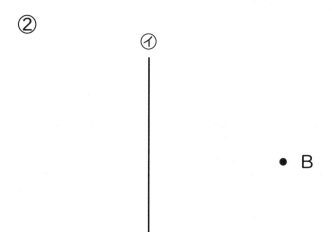

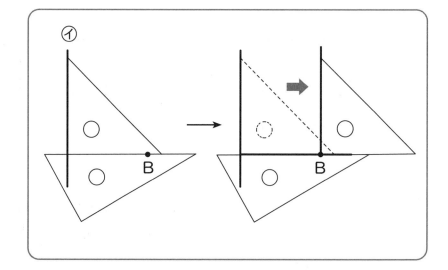

垂直と平行 (8)

● 下の図で，直線 あ に垂直な直線は ⑦と⑦の
どちらですか。

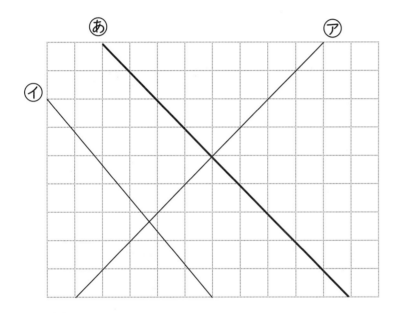

直線あと直角に交わるのは
どちらの直線かな。

あに垂直な直線は ☐

● 下の図で，直線 あ に平行な直線は ⑦と⑦の
どちらですか。

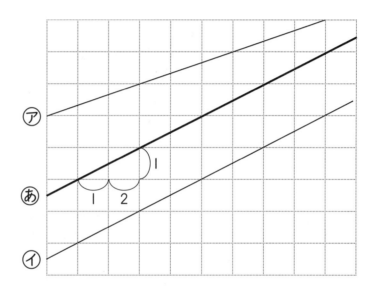

直線あは，右へ2進むと上に1上がる
かたむきだね。

あに平行な直線は ☐

四角形（1）

台形・平行四辺形

● 向かい合った１組の辺が平行な四角形に色をぬりましょう。

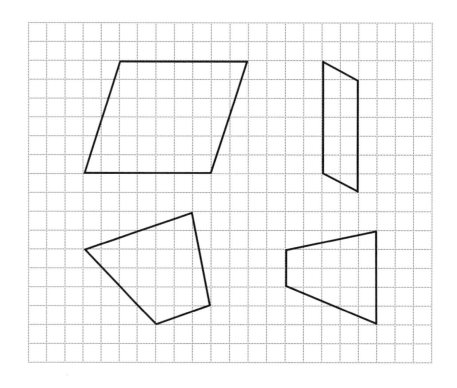

● 向かい合った２組の辺が平行な四角形に色をぬりましょう。

向かい合った１組の辺が平行な四角形を台形といいます。

向かい合った２組の辺が平行な四角形を平行四辺形といいます。

名　前

月　日

● 2本の平行な直線を使って，台形をかきましょう。

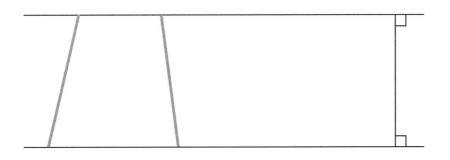

■ 図のような台形を右にかきましょう。

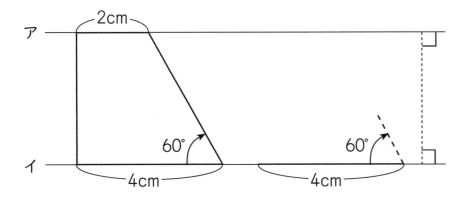

直線アとイは平行だね。

● 2本の平行な直線を使って，平行四辺形をかきましょう。

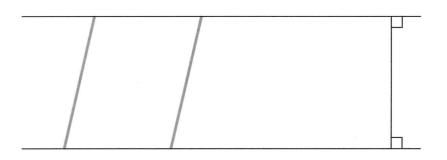

向かい合ったもう1組の辺も平行になるようにかこう。

■ 平行四辺形の続きをかきましょう。

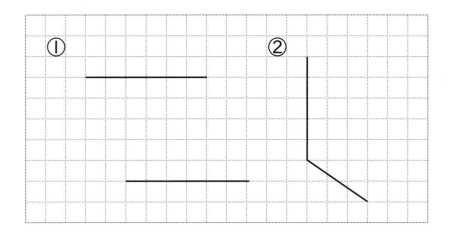

①　②

21

● 下の平行四辺形の角度や辺の長さを調べましょう。

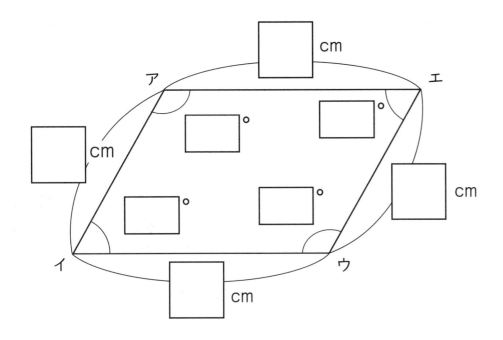

平行四辺形の向かい合った辺の長さは
等しくなっています。また，向かい合う角の大きさも
等しくなっています。

● 下の平行四辺形の角度や辺の長さを求めましょう。

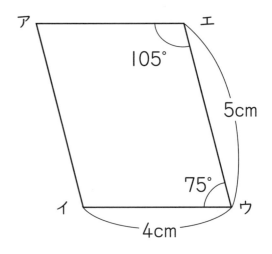

辺アイ　　　　　　cm

辺エア　　　　　　cm

角ア　　　　　　°

角イ　　　　　　°

● 下の図のような平行四辺形をかきましょう。

①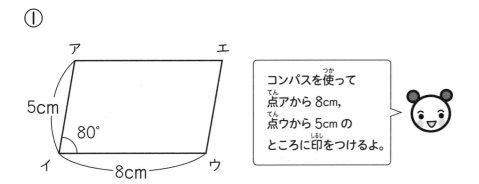

コンパスを使って
点アから 8cm,
点ウから 5cm の
ところに印をつけるよ。

②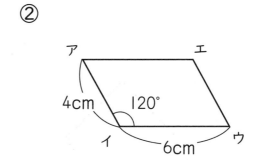

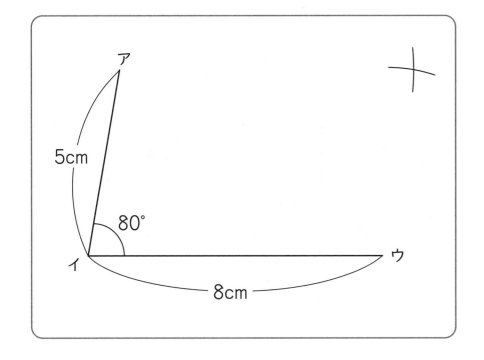

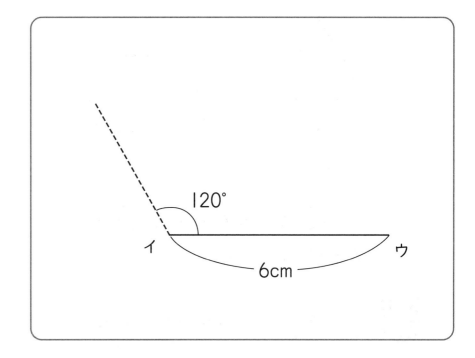

● 4つの辺の長さがすべて同じ四角形に色をぬりましょう。

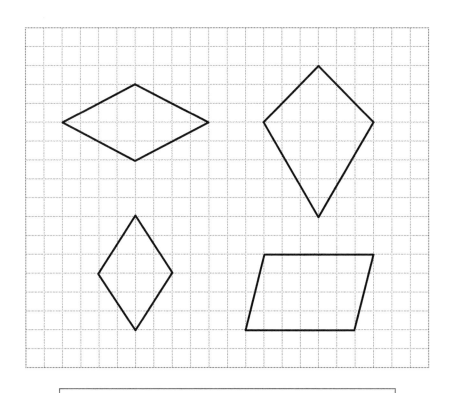

辺の長さがすべて等しい四角形を
ひし形といいます。

ひし形の，向かい合った辺は平行になっているね。

● 下のひし形の角度や辺の長さを求めましょう。

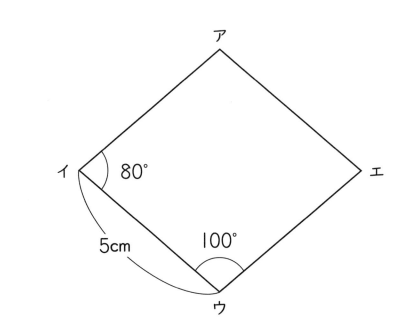

角ア ☐ °　　　角エ ☐ °

辺アイ ☐ cm　　　辺ウエ ☐ cm

辺エア ☐ cm

24

四角形 (6)　　ひし形

● コンパスを使って辺の長さが 6cm のひし形を
かきましょう。

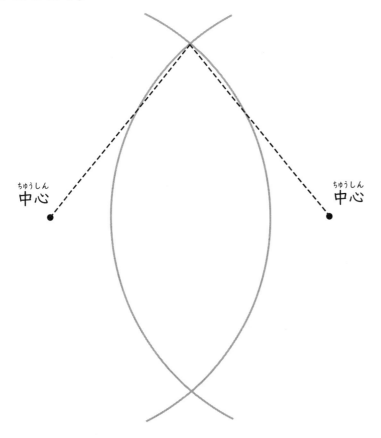

中心　　　　　　　中心

ヒント

半径が 6cm の円を
2 つかき，交わった点と
中心を直線でつなごう。

● 下の図のようなひし形をかきましょう。

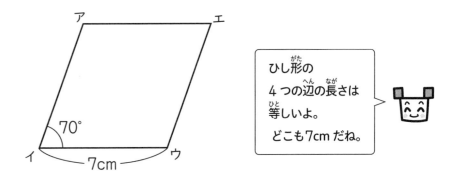

ア　　　　エ

70°

イ　　7cm　　ウ

ひし形の
4 つの辺の長さは
等しいよ。

どこも 7cm だね。

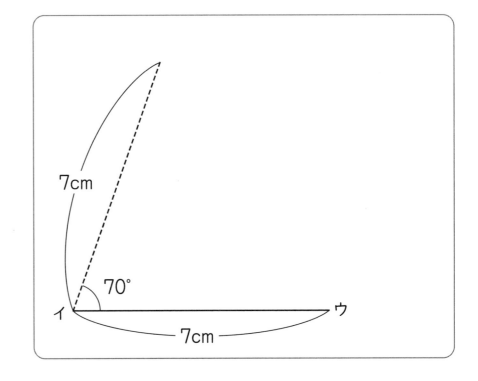

7cm

70°

イ　　　　　　　ウ

7cm

	月	日	名前

● □にあてはまることばや数を書きましょう。

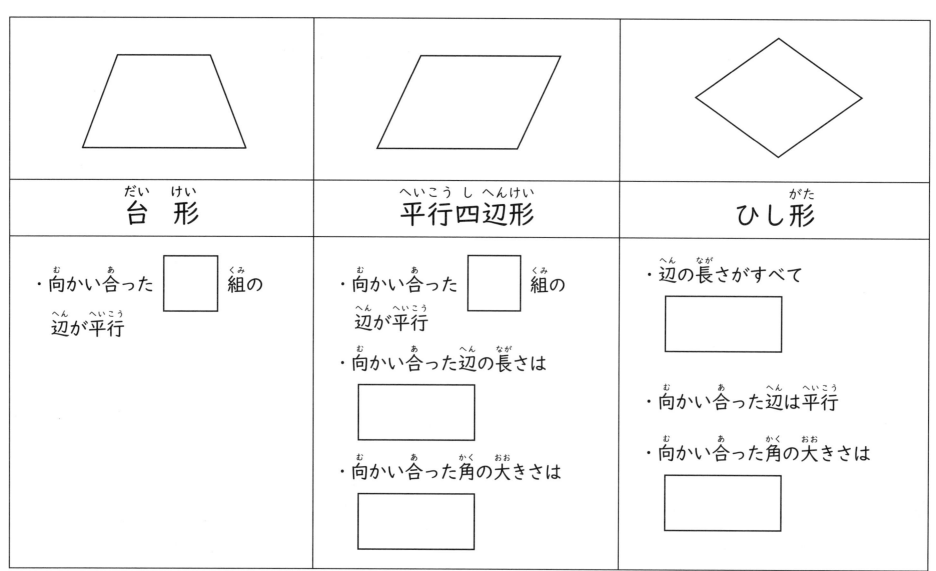

台形	平行四辺形	ひし形
・向かい合った □ 組の 辺が平行	・向かい合った □ 組の 辺が平行 ・向かい合った辺の長さは [　　] ・向かい合った角の大きさは [　　]	・辺の長さがすべて [　　] ・向かい合った辺は平行 ・向かい合った角の大きさは [　　]

四角形（8）

四角形の対角線

名前

月　日

● 次の四角形の対角線について調べましょう。

四角形の向かい合う頂点を結んだ直線を対角線というよ。

正方形

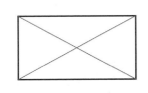
長方形

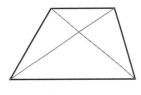
台形

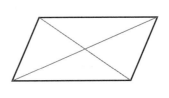
平行四辺形

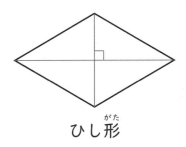
ひし形

① 2本の対角線の長さが等しい四角形

正方形	,	

② 2本の対角線が垂直に交わる四角形

正方形	,	

③ 2本の対角線が交わった点で，それぞれの対角線が2等分される四角形

正方形	長方形

分 数 (1)

	月	日	名 前

● 次の ㋐〜㋕ の長さを分数で表しましょう。

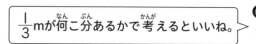

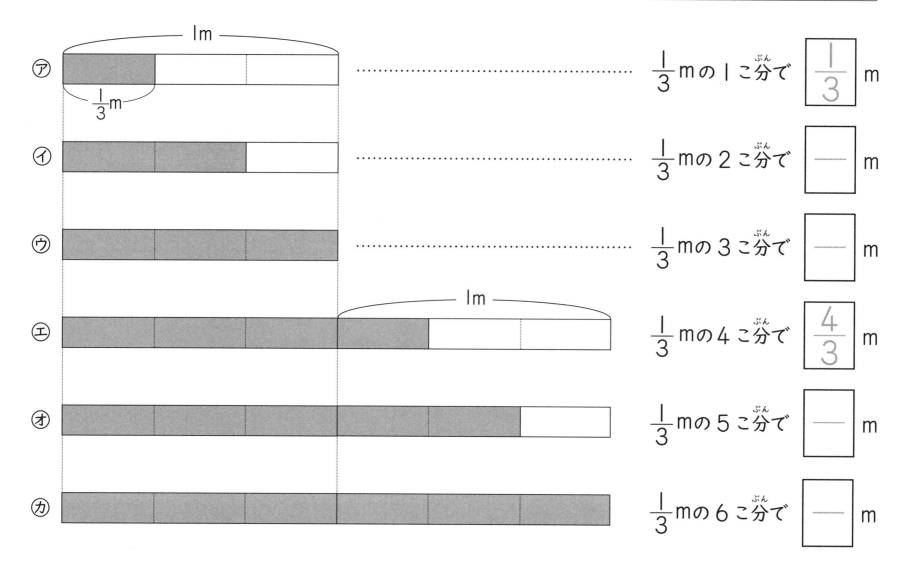

㋐ …………………………………………… $\frac{1}{3}$ m の 1 こ分で $\boxed{\frac{1}{3}}$ m

㋑ …………………………………………… $\frac{1}{3}$ m の 2 こ分で $\boxed{\frac{}{}}$ m

㋒ …………………………………………… $\frac{1}{3}$ m の 3 こ分で $\boxed{\frac{}{}}$ m

㋓ $\frac{1}{3}$ m の 4 こ分で $\boxed{\frac{4}{3}}$ m

㋔ $\frac{1}{3}$ m の 5 こ分で $\boxed{\frac{}{}}$ m

㋕ $\frac{1}{3}$ m の 6 こ分で $\boxed{\frac{}{}}$ m

分数 (2)

月　日　名前

● 次の ㋐〜㋒ の長さを分数で表しましょう。

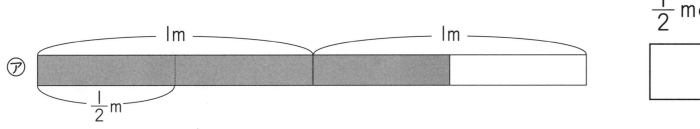

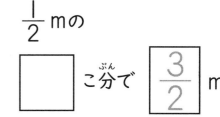

$\dfrac{1}{2}$ m の ☐ こ分で $\dfrac{3}{2}$ m

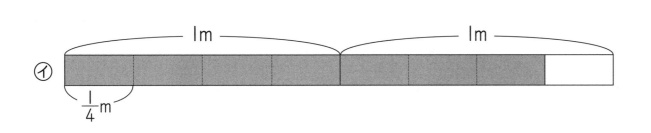

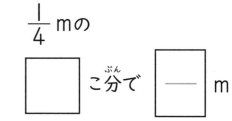

$\dfrac{1}{4}$ m の ☐ こ分で ☐ m

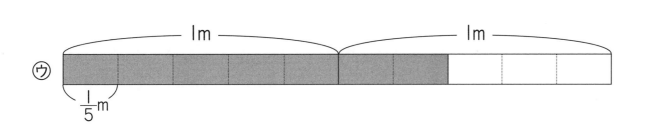

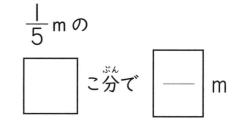

$\dfrac{1}{5}$ m の ☐ こ分で ☐ m

分数 (3)

● $\frac{5}{3}$ mは，1mと何mをあわせた長さですか。

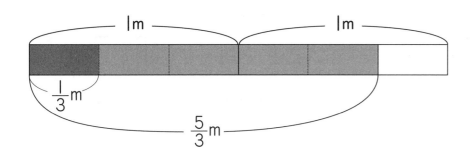

$\frac{5}{3}$ mは，1mと $\boxed{\frac{2}{3}}$ mをあわせた長さ

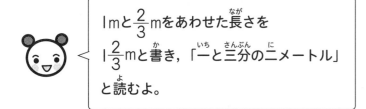

1mと $\frac{2}{3}$ mをあわせた長さを $1\frac{2}{3}$ mと書き，「一と三分の二メートル」と読むよ。

$$\frac{5}{3}m = \boxed{}\boxed{\dfrac{}{}}\,m$$

★真分数 … 分子が分母より小さい分数

　　　　$\frac{2}{3}$ ，$\frac{4}{5}$ など

★仮分数 … 分子と分母が同じか，分子が分母より大きい分数

　　　　$\frac{5}{3}$ ，$\frac{4}{4}$ など

★帯分数 … 整数と真分数の和で表されている分数

　　　　$1\frac{1}{3}$ ，$2\frac{2}{5}$ など

● 真分数には赤，仮分数には青，帯分数には黄の色をぬりましょう。

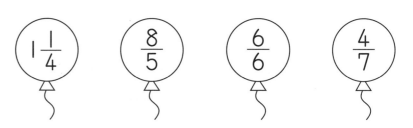

分数 (4)

● 次の⑦，⑦の長さを帯分数で表しましょう。

⑦

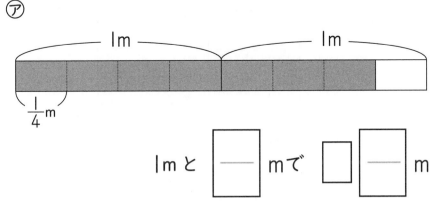

1mと ⬜／── m で ⬜ ⬜／── m

⑦

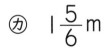

1mと ⬜／── m で ⬜ ⬜／── m

● 次の⑩，⑪の長さだけ色をぬりましょう。

⑩ $1\frac{5}{6}$ m

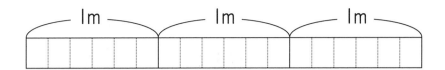

⑪ $2\frac{1}{3}$ m

$2\frac{1}{3}$ mは，
2 mと $\frac{1}{3}$ mだね。

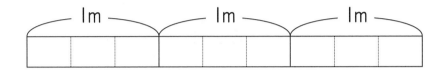

31

分数 (5)

● 次の長さを，仮分数と帯分数で表しましょう。

①

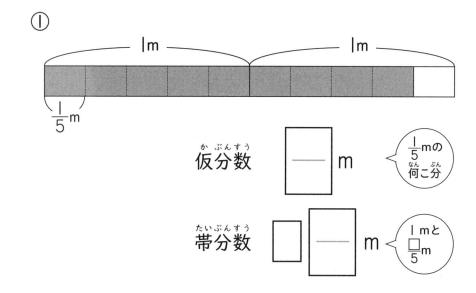

仮分数 [ ] m　　$\frac{1}{5}$mの何こ分

帯分数 [ ] [ ] m　　1mと $\frac{\square}{5}$m

②

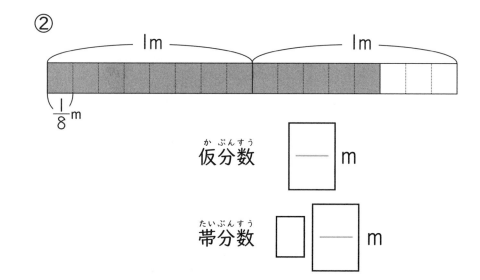

仮分数 [ ] m

帯分数 [ ] [ ] m

● 次のかさを，仮分数と帯分数で表しましょう。

①

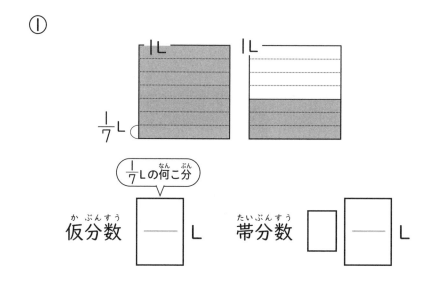

$\frac{1}{7}$Lの何こ分

仮分数 [ ] L　　帯分数 [ ] [ ] L

②

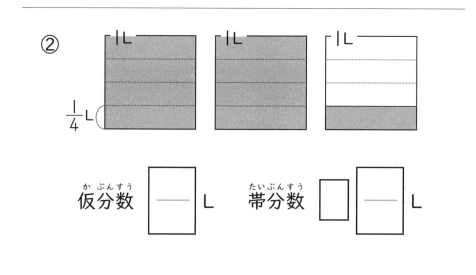

仮分数 [ ] L　　帯分数 [ ] [ ] L

32

分　数 (6)

● □に真分数か仮分数，□に帯分数を書きましょう。

①

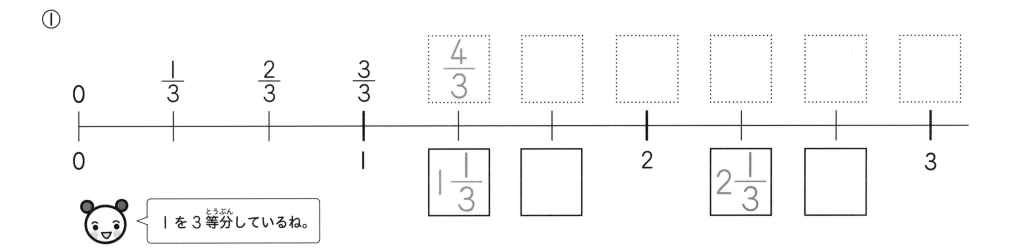

１を３等分しているね。

②

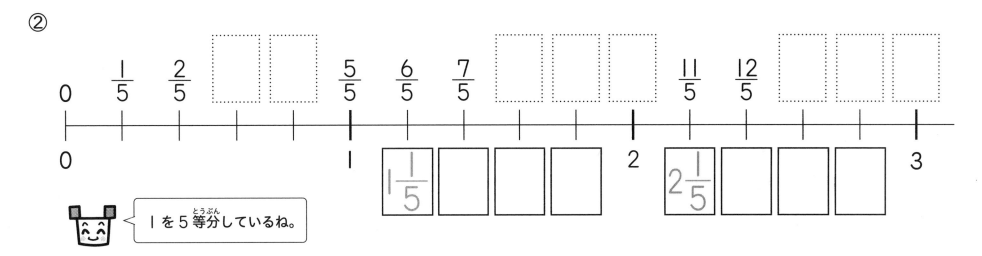

１を５等分しているね。

33

分数 (7)

● 次の仮分数を帯分数か整数になおしましょう。

①

$$\frac{7}{4} = \boxed{} \boxed{\frac{}{}}$$

$7 \div 4 = ①$ あまり $\boxed{3}$

$\frac{7}{4} = ① \frac{\boxed{3}}{4}$

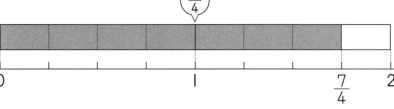

③

$$\frac{21}{7} = \boxed{}$$

$21 \div 7 = ③$

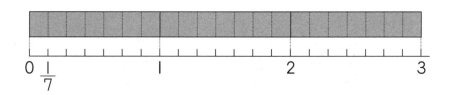

②

$$\frac{11}{6} = \boxed{} \boxed{\frac{}{}}$$

$11 \div 6 = ①$ あまり $\boxed{5}$

$\frac{11}{6} = \bigcirc \frac{\boxed{}}{6}$

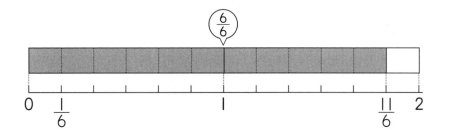

④

$$\frac{8}{3} = \boxed{} \boxed{\frac{}{}}$$

$8 \div 3 = ②$ あまり $\boxed{2}$

$\frac{8}{3} = \bigcirc \frac{\boxed{}}{3}$

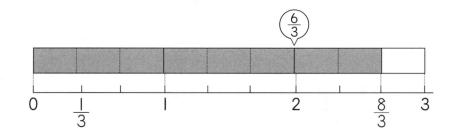

分数 (8)

月	日	名前

● 次の仮分数を帯分数か整数になおしましょう。

① $\dfrac{11}{5} = $ ☐ ☐

$11 \div 5 = ②$ あまり ☐

$\dfrac{11}{5} = ②\dfrac{1}{5}$

② $\dfrac{13}{8} = $ ☐ ☐

$13 \div 8 = ◯$ あまり ☐

$\dfrac{13}{8} = ◯\dfrac{☐}{8}$

③ $\dfrac{15}{4} = $ ☐ ☐

$15 \div 4 = ◯$ あまり ☐

$\dfrac{15}{4} = ◯\dfrac{☐}{4}$

④ $\dfrac{18}{6} = $ ☐

$18 \div 6 = ◯$

⑤ $\dfrac{16}{7} = $ ☐ ☐

$16 \div 7 = ◯$ あまり ☐

$\dfrac{16}{7} = ◯\dfrac{☐}{7}$

分数 (9)

● 次の帯分数を仮分数になおしましょう。

①
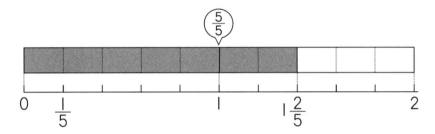

$1\frac{2}{5} =$

$1\frac{2}{5} = \frac{⑦}{5}$

$5 \times 1 + 2 = ⑦$

③
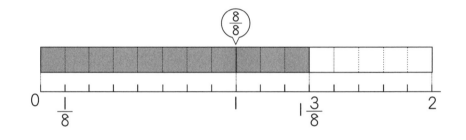

$1\frac{3}{8} =$

$1\frac{3}{8} = \frac{⑪}{8}$

$8 \times 1 + 3 = ⑪$

②
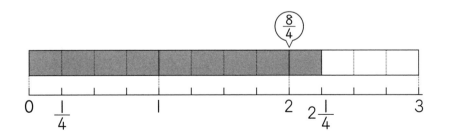

$2\frac{1}{4} =$

$2\frac{1}{4} = \frac{⑨}{4}$

$4 \times 2 + 1 = ⑨$

④
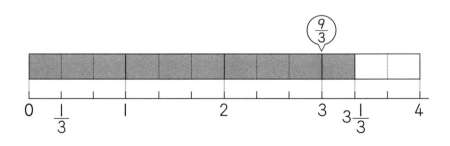

$3\frac{1}{3} =$

$3\frac{1}{3} = \frac{⑩}{3}$

$3 \times 3 + 1 = ⑩$

		名前
月	日	

● 次の帯分数を仮分数になおしましょう。

① $3\dfrac{1}{2} = \boxed{\dfrac{7}{2}}$ $2 \times 3 + 1 = \bigcirc\!\!\!\!7$

$1 = \dfrac{2}{2}$ だから, $3 = \dfrac{\boxed{6}}{2}$ だね。

② $1\dfrac{5}{6} = \boxed{\dfrac{}{}}$ $6 \times 1 + 5 = \bigcirc$

$1 = \dfrac{6}{6}$

③ $2\dfrac{3}{4} = \boxed{\dfrac{}{}}$ $4 \times 2 + 3 = \bigcirc$

$1 = \dfrac{4}{4}$ だから, $2 = \dfrac{\boxed{}}{4}$ だね。

④ $1\dfrac{5}{8} = \boxed{\dfrac{}{}}$ $8 \times 1 + 5 = \bigcirc$

$1 = \dfrac{8}{8}$

⑤ $2\dfrac{3}{7} = \boxed{\dfrac{}{}}$ $7 \times 2 + 3 = \bigcirc$

$1 = \dfrac{7}{7}$ だから, $2 = \dfrac{\boxed{}}{7}$

分数 (11)

月	日	名前

● どちらが大きいですか。□に不等号 (> , <) を書きましょう。

① $\frac{7}{2}$ □ $2\frac{1}{2}$

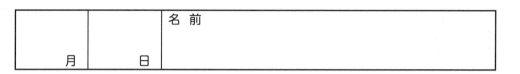
色をぬってくらべてみよう。

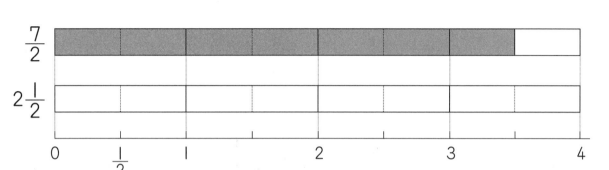

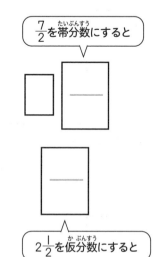
$\frac{7}{2}$を帯分数にすると

$2\frac{1}{2}$を仮分数にすると

② $2\frac{2}{3}$ □ $\frac{10}{3}$

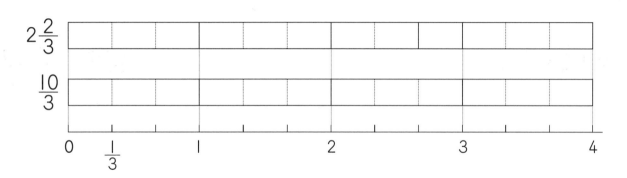

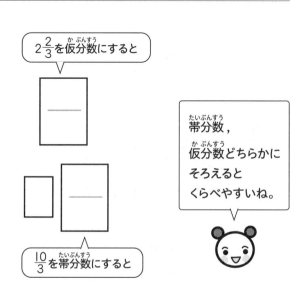
$2\frac{2}{3}$を仮分数にすると

$\frac{10}{3}$を帯分数にすると

帯分数，仮分数どちらかにそろえるとくらべやすいね。

分数 (12)

● 次の数直線を使って，分数の大きさを調べましょう。

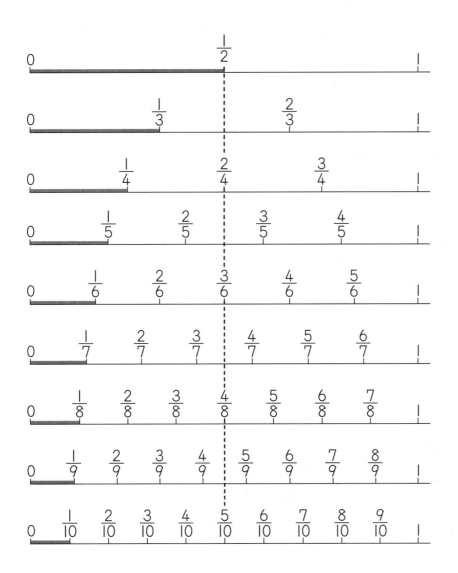

① $\frac{1}{2}$ と大きさの等しい分数を書きましょう。

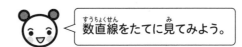
数直線をたてに見てみよう。

$$\frac{1}{2} = \frac{}{4} = \frac{}{6} = \frac{}{8} = \frac{}{10}$$

② $\frac{1}{2}$，$\frac{1}{3}$，$\frac{1}{4}$，$\frac{1}{5}$ を大きい方から順に書きましょう。

大 $\Box$　$\Box$　$\Box$　$\Box$ 小

③ □に不等号を書きましょう。

$\left(\ \dfrac{2}{3}\ \Box\ \dfrac{2}{5}\ \right)$　$\left(\ \dfrac{1}{10}\ \Box\ \dfrac{1}{8}\ \right)$

39

分数 (13)

分数のたし算・ひき算

名前

月　日

● $\dfrac{2}{4} + \dfrac{3}{4}$ の計算をしましょう。

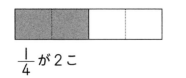

$\dfrac{1}{4}$ が 2 こ

$\dfrac{1}{4}$ が 3 こ

あわせる →

色をぬってみよう

$\dfrac{1}{4}$ が □ こ

$$\dfrac{2}{4} + \dfrac{3}{4} = \dfrac{\square}{4}$$

仮分数

$$= \square \dfrac{\square}{4}$$

帯分数

■ $\dfrac{8}{5} - \dfrac{4}{5}$ の計算をしましょう。

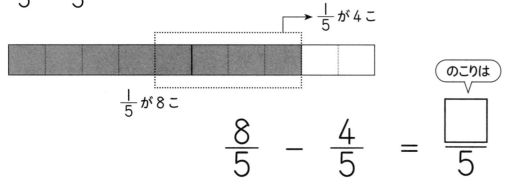

$\dfrac{1}{5}$ が 4 こ

$\dfrac{1}{5}$ が 8 こ

のこりは

$$\dfrac{8}{5} - \dfrac{4}{5} = \dfrac{\square}{5}$$

分母が同じ分数の
たし算やひき算は，
分母はそのままにして，
分子だけを計算するよ。

40

分数（14）
分数のたし算・ひき算

● 計算をしましょう。

① $\dfrac{4}{7} + \dfrac{2}{7} = \dfrac{\Box}{7}$　← 4 + 2

② $\dfrac{2}{3} + \dfrac{8}{3} = \dfrac{\Box}{3}$

　　$= \Box\dfrac{\Box}{3}$

分母はそのままにして、分子だけ計算するよ。

③ $\dfrac{5}{6} + \dfrac{7}{6} = \dfrac{\Box}{6}$

　　$= \Box$　← 整数

● 計算をしましょう。

① $\dfrac{11}{8} - \dfrac{5}{8} = \dfrac{\Box}{8}$　← 11 - 5

② $\dfrac{10}{7} - \dfrac{3}{7} = \dfrac{\Box}{7}$

　　$= \Box$　← 整数

③ $\dfrac{15}{6} - \dfrac{5}{6} = \dfrac{\Box}{6}$

　　$= \Box\dfrac{\Box}{6}$

		名 前
月	日	

● $1\dfrac{1}{5} + 2\dfrac{2}{5}$ の計算をしましょう。

$1\dfrac{1}{5}$

たす

$+ \quad 2\dfrac{2}{5}$

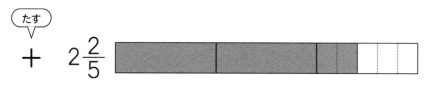

答えの分だけ色をぬってみよう

$①\dfrac{1}{5} + ②\dfrac{2}{5} = ③\dfrac{3}{5}$

整数どうし，
分子どうしで
計算できるね。

● 計算をしましょう。

① $2\dfrac{1}{4} + 1\dfrac{2}{4} = \Box \; \dfrac{}{}$

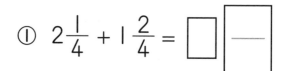

② $\dfrac{3}{7} + 3\dfrac{3}{7} = \Box \; \dfrac{}{}$

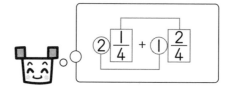

③ $1\dfrac{2}{9} + 1\dfrac{4}{9} = \Box \; \dfrac{}{}$

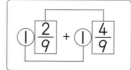

42

名前

月　　日

● $1\frac{2}{4} + 1\frac{3}{4}$ の計算をしましょう。

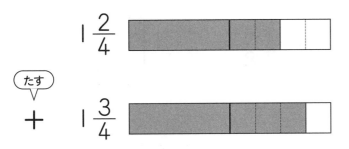

たす

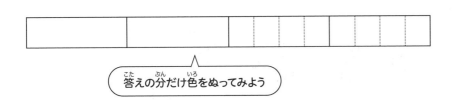

答えの分だけ色をぬってみよう

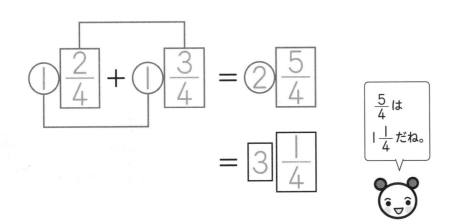

$\frac{5}{4}$ は $1\frac{1}{4}$ だね。

● 計算をしましょう。

① $1\frac{4}{5} + 1\frac{2}{5} = 2\boxed{\frac{6}{5}}$

$= \boxed{}\boxed{}$

$\frac{6}{5}$ は $1\frac{1}{5}$

② $2\frac{2}{3} + 1\frac{1}{3} = \boxed{}\boxed{}$

$= \boxed{}$　←整数

③ $1\frac{6}{7} + \frac{4}{7} = \boxed{}\boxed{}$

$= \boxed{}\boxed{}$

43

分数 (17)　　帯分数のひき算

● 計算をしましょう。

① $2\dfrac{4}{5} - 1\dfrac{2}{5} = \Box \ \dfrac{}{}$

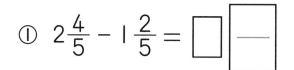

② $3\dfrac{1}{6} - \dfrac{1}{6} = \Box$

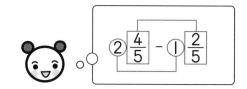

③ $3\dfrac{6}{7} - 2\dfrac{5}{7} = \Box \ \dfrac{}{}$

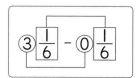

④ $4\dfrac{5}{8} - 4 = \dfrac{}{}$

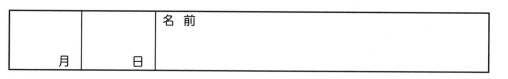

⑤ $2\dfrac{9}{10} - 1\dfrac{3}{10} = \Box \ \dfrac{}{}$

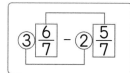

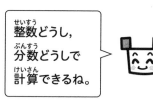
整数どうし，分数どうしで計算できるね。

44

● $2\dfrac{1}{3} - 1\dfrac{2}{3}$ を計算しましょう。

$\dfrac{1}{3} - \dfrac{2}{3}$ の計算ができないよ。

$2\dfrac{1}{3} - 1\dfrac{2}{3} = \dfrac{\square}{3} - \dfrac{\square}{3}$ ← 仮分数になおす

$= \dfrac{\square}{3}$

■ $2 - \dfrac{3}{5}$ を計算しましょう。

$2 - \dfrac{3}{5} = \dfrac{\square}{5} - \dfrac{3}{5}$ ← 仮分数になおす

$= \dfrac{\square}{5}$

$= \square\dfrac{\square}{5}$

● 仮分数になおして計算しましょう。

① $1\dfrac{1}{4} - \dfrac{3}{4} = \dfrac{\square}{4} - \dfrac{3}{4}$

$= \dfrac{\square}{4}$

② $2\dfrac{2}{5} - 1\dfrac{4}{5} = \dfrac{\square}{5} - \dfrac{\square}{5}$

$= \dfrac{\square}{5}$

③ $3 - 1\dfrac{1}{2} = \dfrac{\square}{2} - \dfrac{\square}{2}$

$= \dfrac{\square}{2}$

$= \square\dfrac{\square}{2}$

45

面積 (1)

広さのことを面積といいます。

1辺が1cmの正方形を,

1平方センチメートルといい,

1cm² と書きます。

● 下の㋐, ㋑の面積は何cm²ですか。

㋐

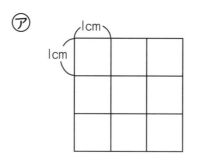

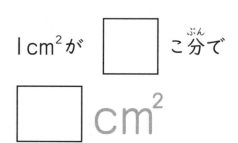

1cm²が □ こ分で

□ cm²

あ

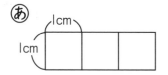

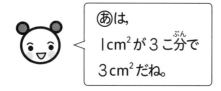

あは,
1cm²が3こ分で
3cm²だね。

㋑

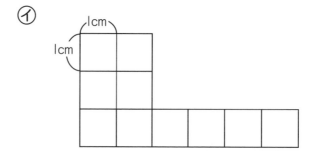

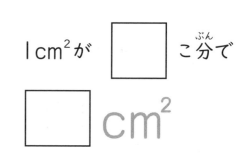

1cm²が □ こ分で

□ cm²

■ 練習しましょう。

1cm² 2cm² 3cm² 4cm² 5cm²

面積 (2)

● 下の⑦～⊕の面積は何cm²ですか。

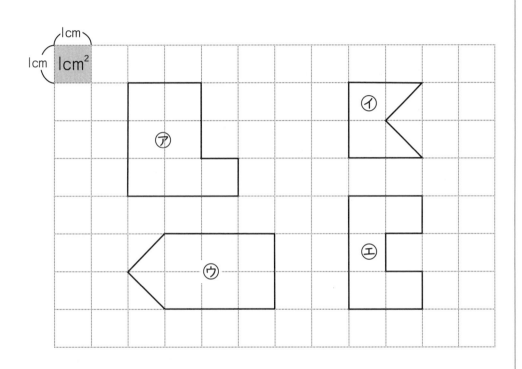

⑦ □ cm²　　⊘ □ cm²

⑨ □ cm²　　⊕ □ cm²

● 下の方がんに8cm²になる図形をかきましょう。

いくつかけるかな。

× きちんと図形が
とじているかな。

47

月	日	名 前

● あの面積といの面積を合わせると何cm²になりますか。

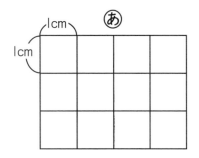 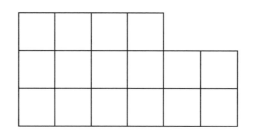

$\boxed{}$ cm² + $\boxed{}$ cm² = $\boxed{}$ cm²   答え $\boxed{}$ cm²

● かの面積からきの面積をひくと何cm²になりますか。

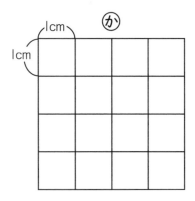 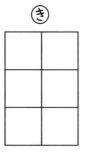 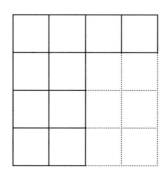

面積は,
たしたりひいたり
することができるよ。

$\boxed{}$ cm² − $\boxed{}$ cm² = $\boxed{}$ cm²   答え $\boxed{}$ cm²

面積 (4)

● 次の長方形や正方形の面積を求めましょう。

1cm² の正方形の数を計算で求めてみよう。

①
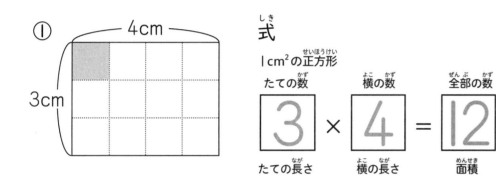

式

1cm²の正方形

たての数		横の数		全部の数
3	×	4	=	12
たての長さ		横の長さ		面積

答え 　□ cm²

②
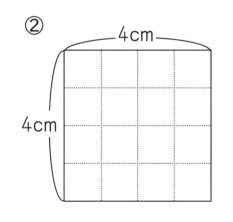

式

□ × □ = □

答え 　□ cm²

③
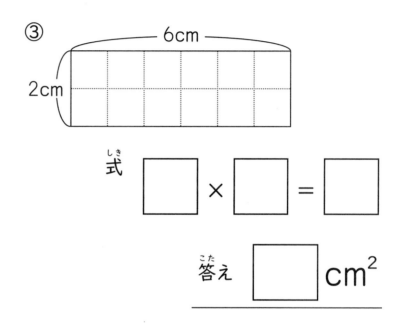

式

□ × □ = □

答え 　□ cm²

④
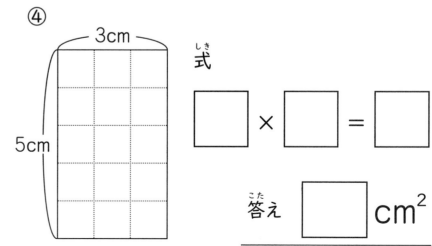

式

□ × □ = □

答え 　□ cm²

面積 (5)

長方形の面積　＝　たて　×　横

正方形の面積　＝　１辺　×　１辺

● 次の長方形や正方形の面積を求めましょう。

①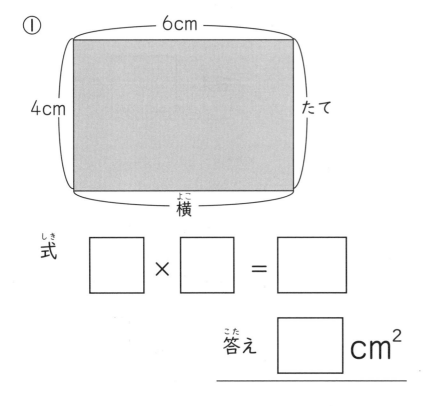

式　□　×　□　＝　□

答え　□ cm²

②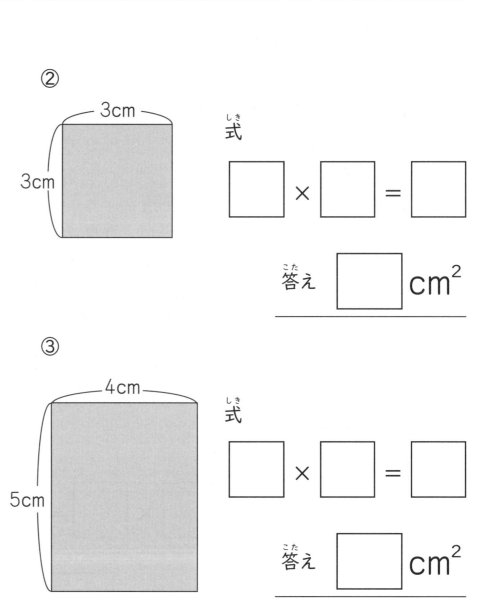

式　□　×　□　＝　□

答え　□ cm²

③

式　□　×　□　＝　□

答え　□ cm²

面積 (6)

		名 前
月	日	

● 次の長方形と正方形の辺の長さをはかって面積を求めましょう。

① 長方形

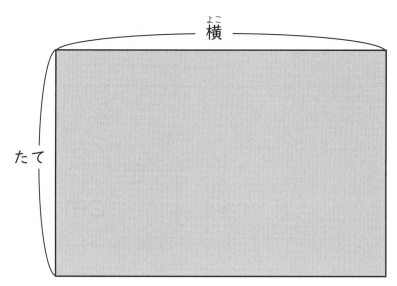

横

たて

式　たて ☐ × 横 ☐ = ☐

答え ☐ cm²

② 正方形

式　1辺 ☐ × 1辺 ☐ = ☐

答え ☐ cm²

面積 (7)

		名 前
月	日	

● 面積が 18cm² で, 横の長さが 6cmの長方形があります。
長方形のたての長さは何cmですか。

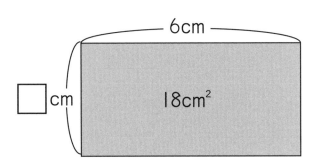

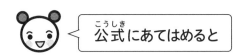
公式にあてはめると

たて　横　面積
□ × 6 = 18

式

答え [　] cm

● 面積の広い方を通ってゴールまで行きましょう。□に通った方の面積を書きましょう。

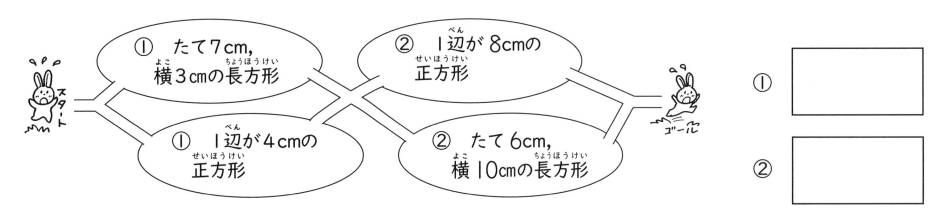

①

②

面積 (8)

● あの図形の面積を求めましょう。

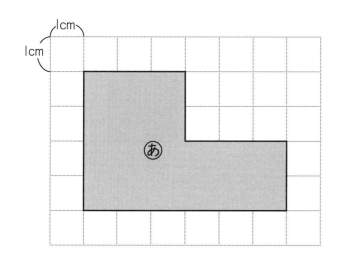

あをいとうの
2つの長方形に分けて
計算しよう。そして,
いとうの面積を
たし算するよ。

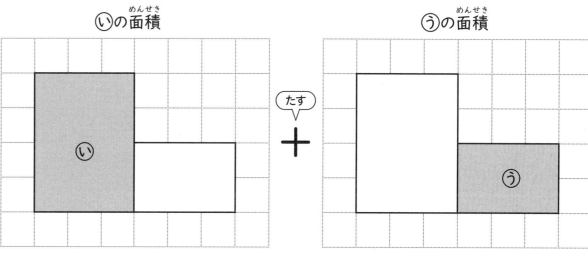

いの面積　　　うの面積

式

$\boxed{} \times \boxed{} = \boxed{}$　　　$\boxed{} \times \boxed{} = \boxed{}$

式　　いの面積　　うの面積　　あの面積

$\boxed{} + \boxed{} = \boxed{}$

答え　$\boxed{}$ cm^2

● ⓐの図形の面積を求めましょう。

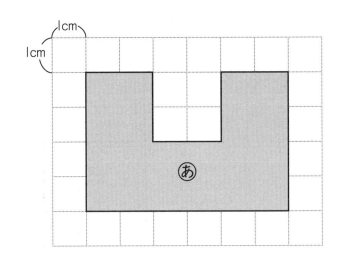

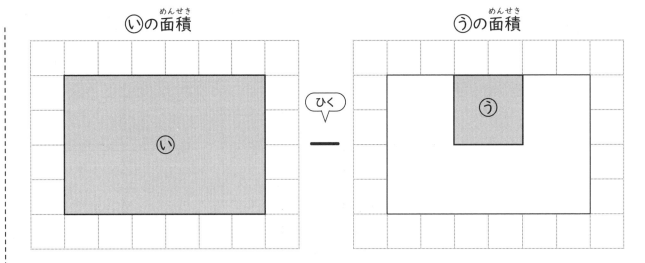

ⓘの面積

ⓤの面積

ひく

ーつの大きな
長方形ⓘから,
小さな正方形ⓤの面積を
ひいて求めるよ。

式

□ × □ = □

式

□ × □ = □

式

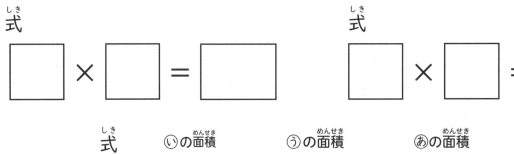

ⓘの面積   ⓤの面積   ⓐの面積

□ − □ = □

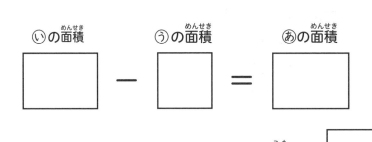

答え □ cm²

1辺が 1m の正方形の面積を, 1平方メートルといい, 1m² と書きます。

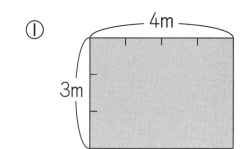

● 次の図形の面積を求めましょう。

①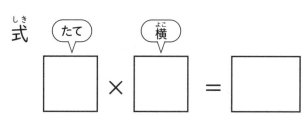

式

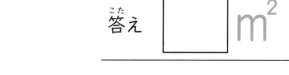

たて × 横 =

答え ☐ m²

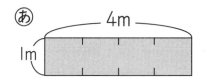

ⓐは,
1m² が 4 こ分で
4m² になるね。

②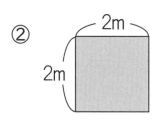

式

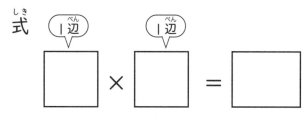

1辺 × 1辺 =

答え ☐ m²

■ 練習しましょう。

1m²　2m²　3m²　4m²　5m²

面積 (11)

● 1m²は何cm²ですか。

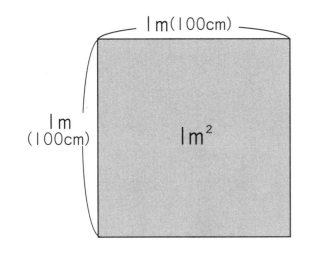

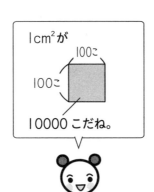

1cm²が
100こ
100こ
10000こだね。

1mは 100 cmだから

100 × 100 = 10000

1m² = ⬚ cm²

● たてが 200cm，横が 4m の花だんの面積を求めましょう。

① 長さの単位を cm にそろえて求めましょう。

4m = ⬚ cm

式　⬚ × ⬚ = ⬚

答え ⬚ cm²

② 長さの単位を m にそろえて求めましょう。

200cm = ⬚ m

式　⬚

答え ⬚ m²

56

面積 (12)

1辺が1kmの正方形の面積を，1平方キロメートルといい，1km²と書きます。

1km
1km 1km²

● 次の面積を求めましょう。

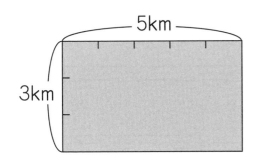

5km

3km

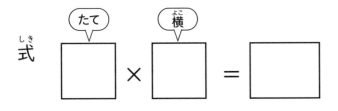

式 たて × 横 = □

答え □ km²

● 1km²は何m²ですか。

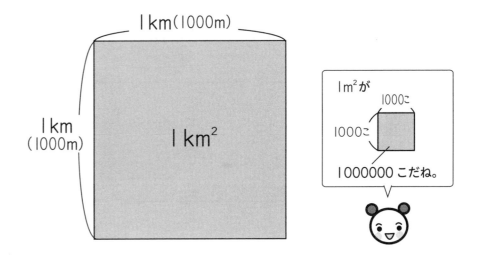

1km(1000m)

1km
(1000m)

1km²

1m²が
1000こ
1000こ
1000000こだね。

1kmは 1000 mだから

1000 × 1000 = 1000000

1km² = _____ m²

57

面積 (13)

１辺が10mの正方形の面積を,
１アール といい, 1a と書きます。

$$1a = 100m^2$$

● 右の図の面積を求めましょう。

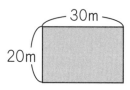

① 面積は何m²ですか。

式

答え 　　　　　 m²

② 面積は何aですか。

1aが （たて）（横）

式 □ × □ = □

答え □ a

１辺が100mの正方形の面積を,
１ヘクタールといい, 1ha と書きます。

$$1ha = 10000m^2$$

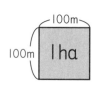

● 右の図の面積を求めましょう。

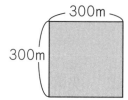

① 面積は何m²ですか。

式

答え 　　　　　 m²

② 面積は何haですか。

1haが

式 □ × □ = □

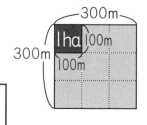

答え □ ha

めん せき

	名 前
月 日	

● □にあてはまる数を書きましょう。

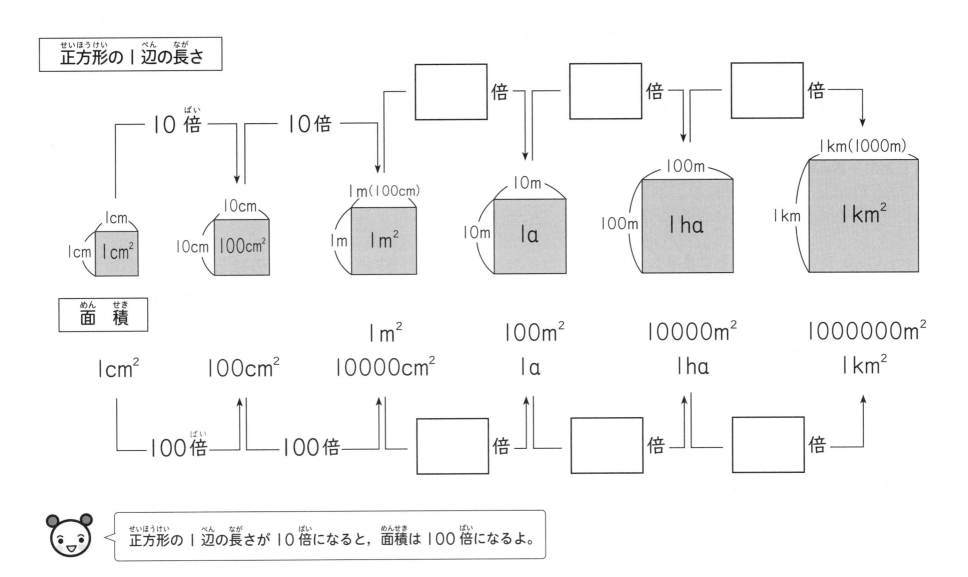

正方形の１辺の長さが 10 倍になると，面積は 100 倍になるよ。

59

変わり方調べ（1）

● 12このあめを，ゆいさんとあおいさんで分けます。

① ゆいさんとあおいさんのあめの数を表にまとめましょう。

ゆいさんの数（こ）	1	2	3	4	5	6	7	8	9	10	11
あおいさんの数（こ）	11	10									

② あてはまることばや数を書きましょう。

ゆいさんのあめの数が1こふえると，

あおいさんのあめの数は1こ □ 。

ふたりのあめの数をたすと，

いつも □ こになる。

③ ゆいさんのあめの数を□こ，あおいさんのあめ
の数を○ことして，あめの数の関係を式に表しましょう。

ゆいさんの あめの数		あおいさんの あめの数		
□	＋	□	＝	12

変わり方調べ (2)

● 1辺が 1cm の正三角形を，下のようにならべていきます。

① 1こ，2こ，3こ，…のときのまわりの長さを調べましょう。

1こ　　　3 cm

2こ　　　4 cm

3こ　　　☐ cm

4こ　　　☐ cm

5こ　　　☐ cm

6こ　　　☐ cm

② 正三角形の数とまわりの長さを表にまとめましょう。

正三角形の数 (こ)	1	2	3	4	5	6
まわりの長さ (cm)	3	4				

③ ☐にあてはまる数を書きましょう。

まわりの長さは，正三角形の数に

☐ をたした数になる。

④ 正三角形の数を☐こ，まわりの長さを〇cm として式に表しましょう。

正三角形の数　　　　　　　　　まわりの長さ

☐ ＋ 2 ＝ ☐

61

変わり方調べ (3)

● 正方形の 1辺の長さを下のように変えていきます。

① 1辺の長さが 1cm，2cm，3cm，…のときのまわりの長さを調べましょう。

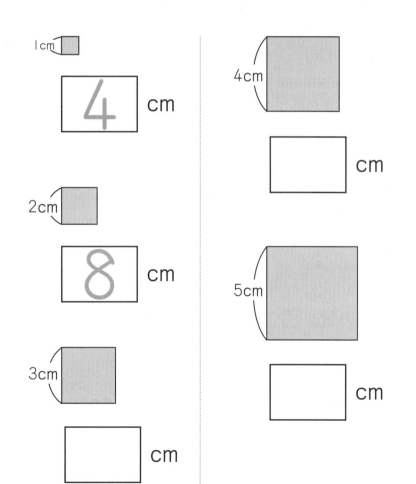

1cm　4 cm

4cm　□ cm

2cm　8 cm

5cm　□ cm

3cm　□ cm

□ cm

② 1辺の長さとまわりの長さを表にまとめましょう。

正方形の 1辺の長さ(cm)	1	2	3	4	5	
まわりの長さ (cm)	4	8				

③ □にあてはまる数を書きましょう。

まわりの長さは，1辺の長さの数に

□ をかけた数になる。

④ 正方形の 1辺の長さを□cm，まわりの長さを○cm として式に表しましょう。

1辺の長さ　　　　　　　　まわりの長さ

□ × 4 = □

62

変わり方調べ (4)

● 下の表は，階だんの下からのだんの数と下からの高さを調べたものです。

だんの数 (だん)	1	2	3	4	5	6
下からの高さ (cm)	10	20	30			

① 表のあいているところに数を書きましょう。

② □にあてはまる数を書きましょう。

　　だんの数が1ふえると，

　　高さは [　　　] cmふえる。

　　だんの数に [　　　] をかけると，

　　下からの高さになる。

③ だんの数を□だん，下からの高さを〇cmとして式に表しましょう。

だんの数　　　　　　　　　　　下からの高さ

[　　　] × 10 = [　　　]

④ 下から10だんのときの下からの高さを求めましょう。

式 [　　　　　　　　　　　　　　　　　　　　]

　　　　　　　　　　答え [　　　] cm

小数のかけ算 （1）

名前

月　日

● 2.7 × 3 を
筆算でしましょう。

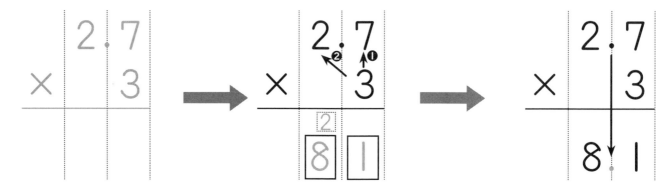

❶ 小数点を考えず
右にそろえて書く。

❷ 整数のかけ算と
同じように計算する。

❸ かけられる数にそろえて
積の小数点をうつ。

同じように
筆算を
してみよう。

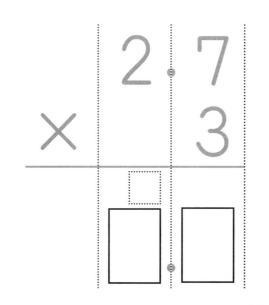

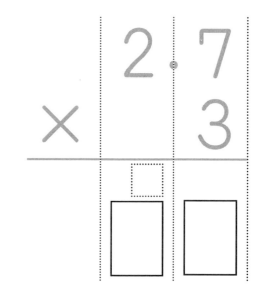

64

小数のかけ算 （2）

$\frac{1}{10}$ の位までの小数 × 1 けたの整数

名 前

月　日

● 筆算でしましょう。

① 4.2 × 6

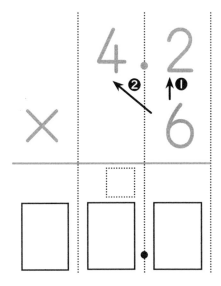

② 3.9 × 2

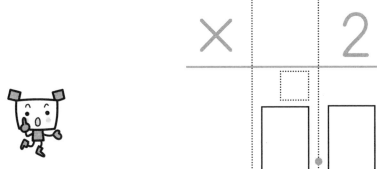

③ 7.3 × 4

答えに 小数点を うとう。

④ 5.6 × 8

		名 前
月	日	

● 筆算でしましょう。

① 3.4 × 5

0を消して，答えは 17 だね。

```
    3.4
 ×    5
 ─────
   ②
  1 7.0̸
```

② 7.5 × 6

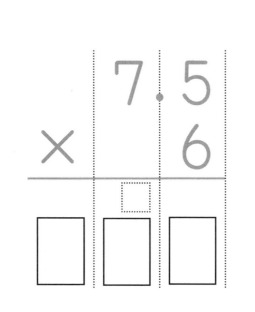

答えの小数点より右に0があるときは0を消しておくよ。

```
    7.5
 ×    6
 ─────
    □
  □ □ □
```

③ 2.8 × 5

```
    2.8
 ×    5
 ─────
    □
  □ □ □
```

④ 4.5 × 2

```
    4.5
 ×    2
 ─────
    □
   □ □
```

小数のかけ算 (4)

$\frac{1}{10}$の位までの小数 × 2けたの整数

名前

月　　日

● 筆算でしましょう。

① 2.4 × 36

② 4.8 × 15

③ 3.7 × 20

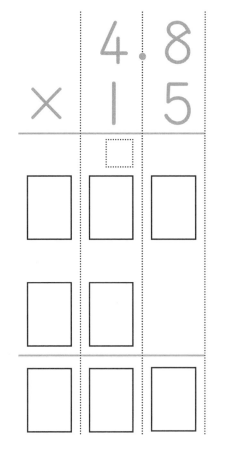

…24 × 6

…24 × 3

小数点を
わすれない
ように。

たす

答えの小数点より
右に 0 があるときは
0 を消しておくよ。

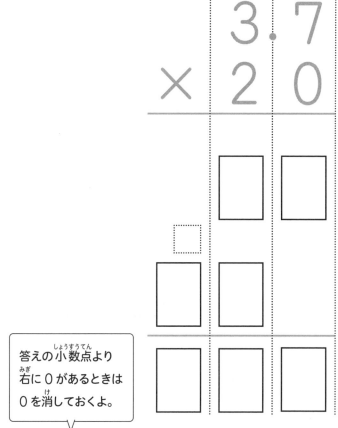

	月	日	名 前

● ひっさん
筆算でしましょう。

① 5.3 × 27

```
    5.3
 ×  2 7
 ───────
```

② 7.5 × 64

```
    7.5
 ×  6 4
 ───────
```

③ 3.9 × 48

```
    3.9
 ×  4 8
 ───────
```

小数のかけ算 (6)

0.□ × 1 けたの整数

● 筆算でしましょう。

① 0.4 × 2

答えの
一の位の0を
わすれずに書こう。

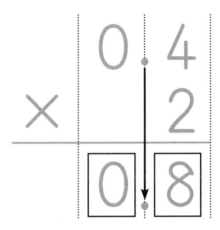

② 0.5 × 6

0を消して,
答えは 3 だね。

③ 0.8 × 7

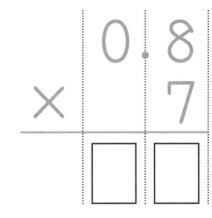

④ 0.3 × 3

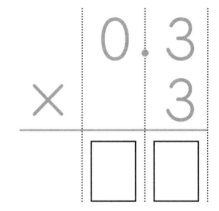

⑤ 0.4 × 5

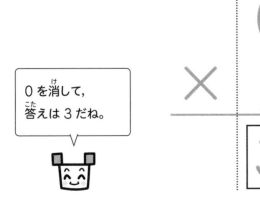

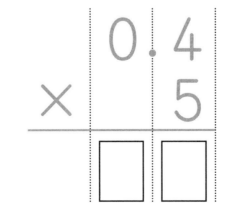

69

月	日	名 前

● 筆算でしましょう。

① 0.7 × 73

```
    0 . 7
  ×   7 3
  ─────────
   □     □
 □  □
 ─────────
 □  □    □
```

答えの
0に
気をつけよう。

② 0.5 × 38

```
    0 . 5
  ×   3 8
  ─────────
   □     □
 □  □
 ─────────
 □  □    □
```

③ 0.9 × 42

```
    0 . 9
  ×   4 2
  ─────────
   □     □
 □  □
 ─────────
 □  □    □
```

小数のかけ算 (8)

$\frac{1}{100}$ の位までの小数 × 1 けたの整数

名 前

月　日

● 筆算でしましょう。

① 3.74 × 6

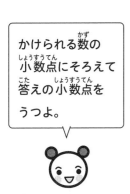

かけられる数の
小数点にそろえて
答えの小数点を
うつよ。

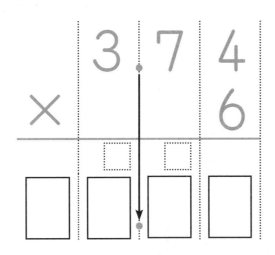

③ 1.25 × 4

② 4.28 × 5

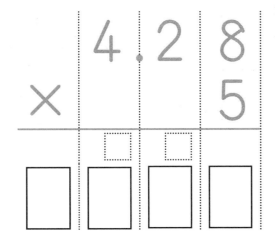

④ 8.06 × 7

小数のかけ算 (9)

名 前

月 日

● 筆算でしましょう。

① 2.93 × 16

```
    2.9 3
  ×   1 6
```

② 4.68 × 25

```
    4.6 8
  ×   2 5
```

③ 3.77 × 40

```
    3.7 7
  ×   4 0
```

72

小数のかけ算 （10）

0.□□ × 1けたの整数

名 前

月　　日

● 筆算でしましょう。

① 0.06 × 9

答えの
一の位の0を
わすれずに書こう。

```
    0 . 0   6
  ×         9
 ┌───┐┌───┐┌───┐
 │ 0 ││ 5 ││ 4 │
 └───┘└───┘└───┘
```

② 0.25 × 4

答えの
小数点より
右にある0に
気をつけよう。

```
    0 . 2   5
  ×         4
       [2]
 ┌───┐┌───┐┌───┐
 │ 1 .│ 0̸ ││ 0̸ │
 └───┘└───┘└───┘
```

③ 0.04 × 5

```
    0 . 0   4
  ×         5
 ┌───┐┌───┐┌───┐
 │   ││   ││   │
 └───┘└───┘└───┘
```

④ 0.78 × 6

```
    0 . 7   8
  ×         6
         [ ]
 ┌───┐┌───┐┌───┐
 │   ││   ││   │
 └───┘└───┘└───┘
```

⑤ 0.13 × 7

```
    0 . 1   3
  ×         7
       [ ]
 ┌───┐┌───┐┌───┐
 │   ││   ││   │
 └───┘└───┘└───┘
```

73

● 筆算でしましょう。

① 0.08 × 52

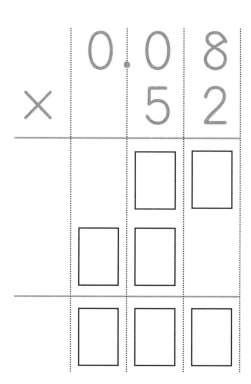

② 0.65 × 74

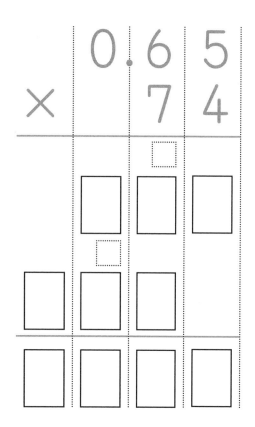

③ 0.09 × 43

小数のわり算 (1)

$\frac{1}{10}$ の位までの小数 ÷ 1 けたの整数

● 5.4 ÷ 3 を筆算でしましょう。

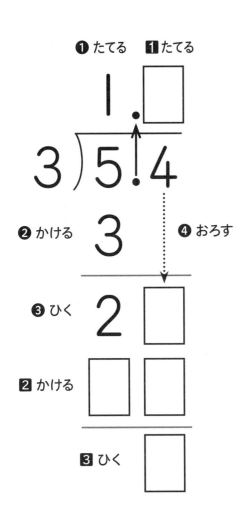

① ❶ たてる
　 ❷ かける
　 ❸ ひく

② わられる数の
　 小数点に
　 そろえて,
　 商の小数点を
　 うつ。

③ ❹ おろす
　 ❶ たてる
　 ❷ かける
　 ❸ ひく

同じように
筆算を
してみよう。

小数のわり算 (2)

$\frac{1}{10}$ の位までの小数 ÷ 1 けたの整数

	名 前	
月	日	

● 筆算でしましょう。

① 9.2 ÷ 4

❶たてる ❶たてる

□ □

4) 9.2

❷かける □ ❹おろす

❸ひく □ □

❷かける □ □

❸ひく □

② 7.6 ÷ 2

□ □

2) 7.6

□

□ □

□ □

□

③ 9.8 ÷ 7

□ □

7) 9.8

□

□ □

□ □

□

④ 21.5 ÷ 5

□ □

5) 21.5

□ □

□ □

□ □

□

小数のわり算 (3)

$\frac{1}{10}$ の位までの小数 ÷ 1 けたの整数

● 筆算でしましょう。

① 73.2 ÷ 6

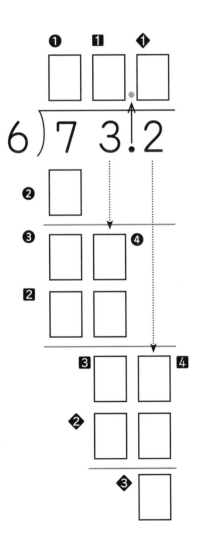

② 91.5 ÷ 3

③ 63.5 ÷ 5

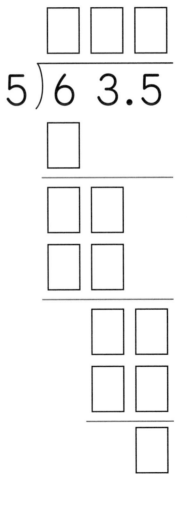

④ 86.8 ÷ 4

77

	名　前	
月	日	

● 筆算でしましょう。

① 75.4 ÷ 26

```
    □□.□
26)7 5.4
   □□
  □□□
  □□□
    □
```

② 60.2 ÷ 43

```
    □□
43)6 0.2
   □□
  □□□
  □□□
    □
```

③ 81.7 ÷ 19

```
    □□
19)8 1.7
   □□
  □□□
  □□□
    □
```

商が
大きすぎたら
1ずつ小さく
していこう。

		名 前
月	日	

● 筆算でしましょう。

① 5.6 ÷ 7

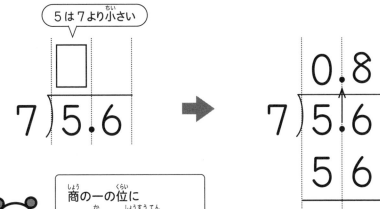

5 は 7 より小さい

商の一の位に
0 を書き, 小数点を
うってから計算をするよ。

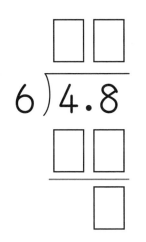

```
   0.8
7)5.6
  5 6
    0
```

② 2.7 ÷ 9

```
 9)2.7
```

③ 4.8 ÷ 6

```
 6)4.8
```

④ 2.4 ÷ 8

```
 8)2.4
```

⑤ 3.6 ÷ 4

```
 4)3.6
```

商の
一の位の 0 と
小数点を
わすれずに。

79

● 筆算でしましょう。

① 18.2 ÷ 26

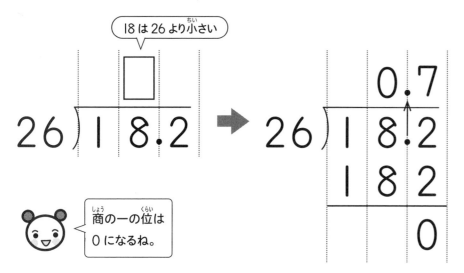

18 は 26 より小さい

商の一の位は 0 になるね。

② 34.8 ÷ 58

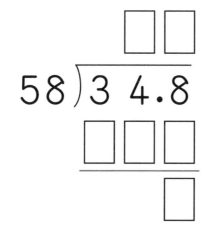

③ 25.8 ÷ 43

④ 37.5 ÷ 75

⑤ 30.6 ÷ 34

商の
一の位の 0 と
小数点を
わすれずに。

名 前

月　日

● 筆算でしましょう。

① 9.24 ÷ 2

$2\overline{)9.24}$

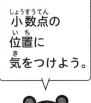

小数点の
位置に
気をつけよう。

② 7.76 ÷ 4

$4\overline{)7.76}$

③ 8.49 ÷ 3

$3\overline{)8.49}$

名　前

月　日

● 筆算でしましょう。

① 4.38 ÷ 6

```
     0.73
  6)4.38
    42
    ─────
     18
     18
    ─────
      0
```

商の一の位は
0 になるね。

② 5.12 ÷ 8

```
  8)5.12
```

③ 3.44 ÷ 4

```
  4)3.44
```

④ 6.65 ÷ 7

```
  7)6.65
```

小数のわり算 (9)

名前

月　日

● 筆算でしましょう。

① 2.56 ÷ 32

$$0.08$$
$$32\overline{)2.56}$$

② 6.58 ÷ 47

$$47\overline{)6.58}$$

③ 5.04 ÷ 24

$$24\overline{)5.04}$$

④ 3.71 ÷ 53

$$53\overline{)3.71}$$

商がたたない位には
0を書こう。

		名 前	
月	日		

● 筆算でしましょう。

① 0.42 ÷ 7

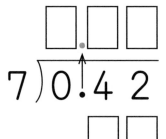

② 0.63 ÷ 9

③ 0.76 ÷ 19

■ 3 ÷ 8 をわりきれるまで計算しましょう。

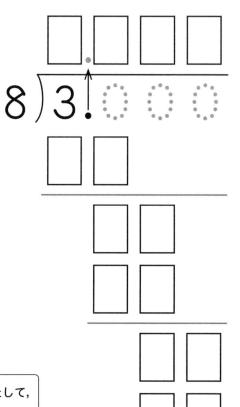

0をつけたして,
どんどん
進んでいこう。
がんばって！

ゴール

84

小数のわり算 (11)

あまりを求めるわり算

名 前

月　日

● 商は一の位まで求め，あまりも出しましょう。

① 9.52 ÷ 4

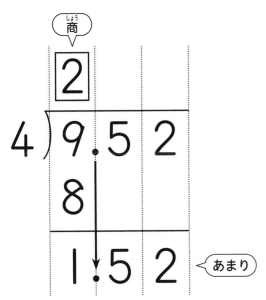

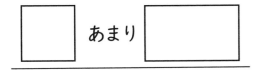

□　あまり□

② 6.4 ÷ 3

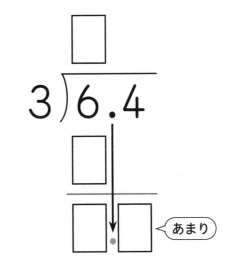

□　あまり□

③ 57.8 ÷ 17

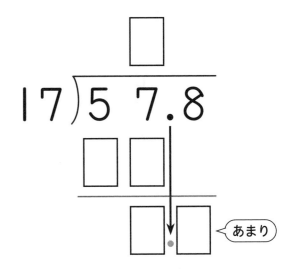

□　あまり□

名前

月　日

● 商は四捨五入して，$\frac{1}{10}$ の位までのがい数で求めましょう。

① 5.23 ÷ 7

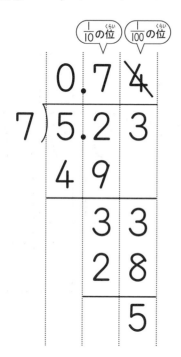

$\frac{1}{100}$ の位の数字を四捨五入するよ。

0.7☒ ➡ 0.7

答え　約　0.7

② 7 ÷ 3

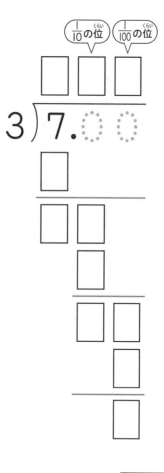

答え　約　□

③ 17.5 ÷ 8

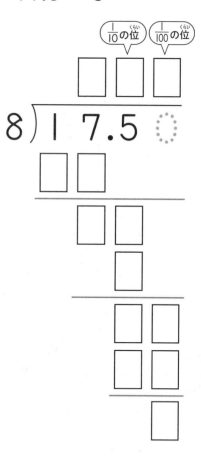

答え　約　□

小数倍 (1)

月	日	名 前

● ⓐ, ⓘ, ⓤ の
ヒマワリの高さを
くらべましょう。

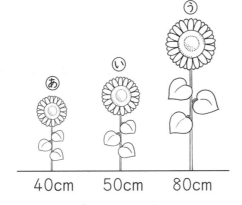

40cm　50cm　80cm

① ⓤ の高さは，ⓐ の高さの何倍ですか。

ⓐの □倍が ⓤ
40 × □ = 80

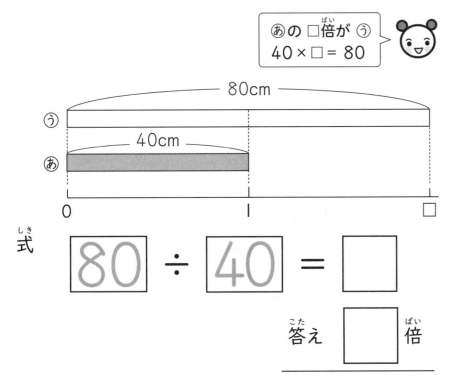

式　80 ÷ 40 = □

答え □ 倍

② ⓤ の高さは，ⓘ の高さの何倍ですか。
小数で答えましょう。

ⓘの □倍が ⓤ
50 × □ = 80

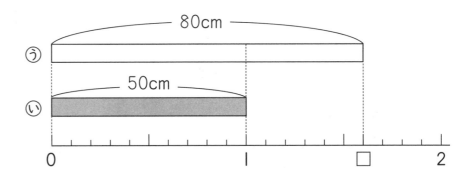

式　□ ÷ □ = □

答え □ 倍

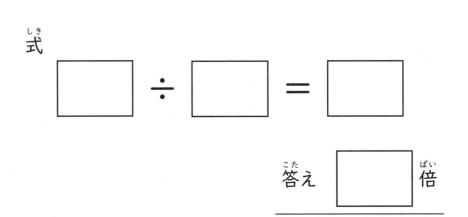

87

小数倍 (2)

● りんご, もも,
メロンのねだんを
くらべましょう。

200円　500円　900円

① メロンは, もものねだんの何倍ですか。

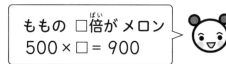

ももの □倍が メロン
500×□＝900

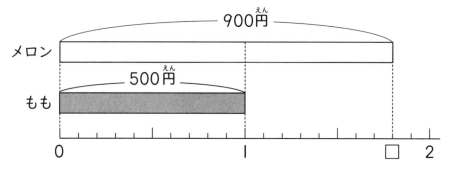

式

[　　] ÷ [　　] = [　　]

答え [　　] 倍

② りんごは, もものねだんの何倍ですか。

ももの □倍が りんご
500×□＝200

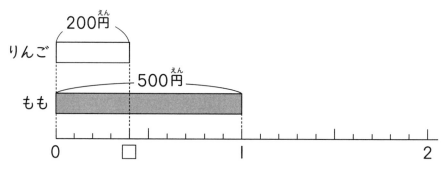

式

[　　] ÷ [　　] = [　　]

答え [　　] 倍

88

直方体と立方体 (1)

<table>
<tr><td></td><td></td><td>名 前</td></tr>
<tr><td>月</td><td>日</td><td></td></tr>
</table>

● □にあてはまることばを □ から選んで書きましょう。

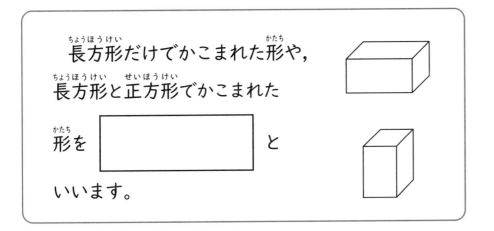

長方形だけでかこまれた形や，

長方形と正方形でかこまれた

形を ［　　　　　　　　　　　］ と

いいます。

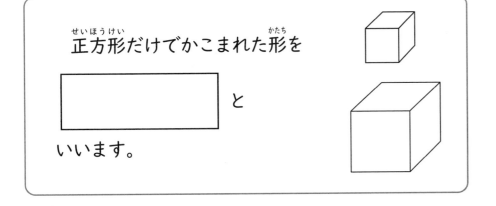

正方形だけでかこまれた形を

［　　　　　　　　　　　］ と

いいます。

直方体 ・ 立方体

● あ，い，うの名前を □ から選んで書きましょう。

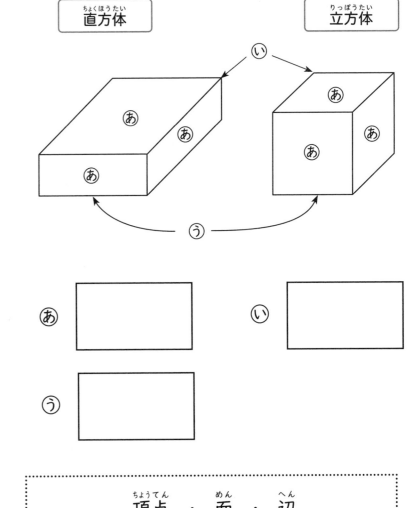

直方体　　　　　　　立方体

あ ［　　　　　　　］　　　い ［　　　　　　　］

う ［　　　　　　　］

頂点 ・ 面 ・ 辺

直方体と立方体 (2)

	名 前	
月	日	

● 直方体と立方体の面の数，辺の数，頂点の数を表にまとめましょう。

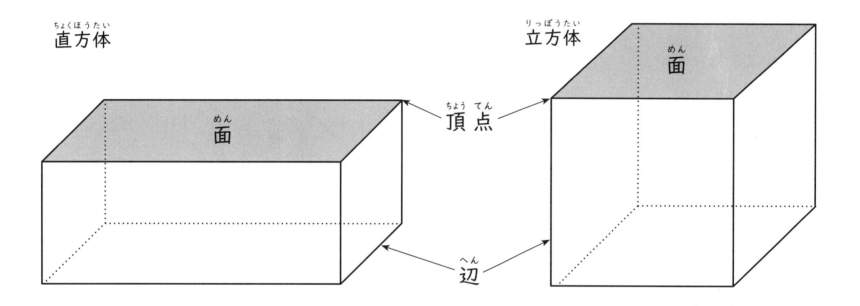

直方体

立方体

頂 点

面

辺

	辺の数	面の数	頂点の数
直方体			
立方体			

直方体と
立方体の数を
くらべてみよう。

90

直方体と立方体 (3)

● 次の直方体について調べましょう。

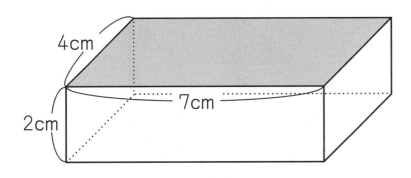

同じ広さの面に，同じ色をぬってみよう。

① 次の長さの辺の数はそれぞれいくつですか。

7cm ☐   4cm ☐

2cm ☐

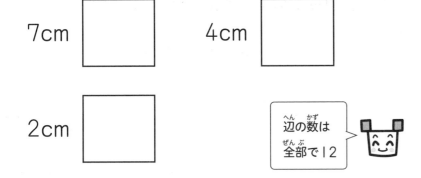
辺の数は
全部で12

② 次の広さの面の数はそれぞれいくつですか。

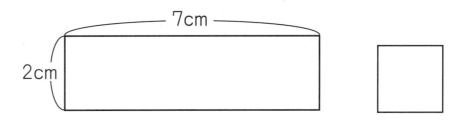

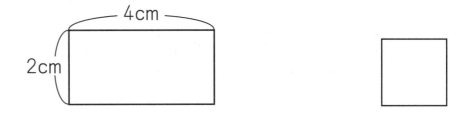

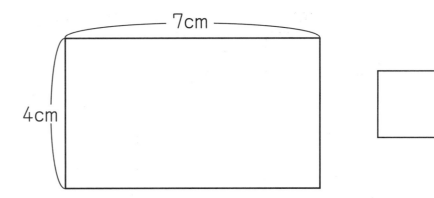

		名 前
月	日	

● 次の直方体について調べましょう。

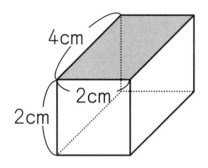

① 次の長さの辺の数はそれぞれいくつですか。

2cm ☐   4cm ☐

② 次の広さの面の数はそれぞれいくつですか。

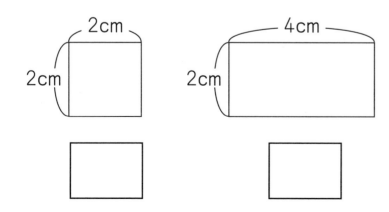

● 次の立方体について調べましょう。

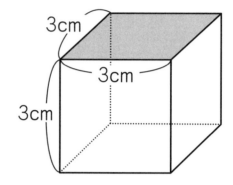

① 3cm の辺の数はいくつですか。

② 次の広さの面の数はいくつですか。

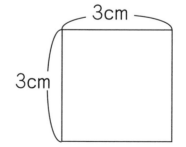

92

直方体と立方体 (5)

月	日	名 前

● 下の直方体の展開図の続きをかきましょう。

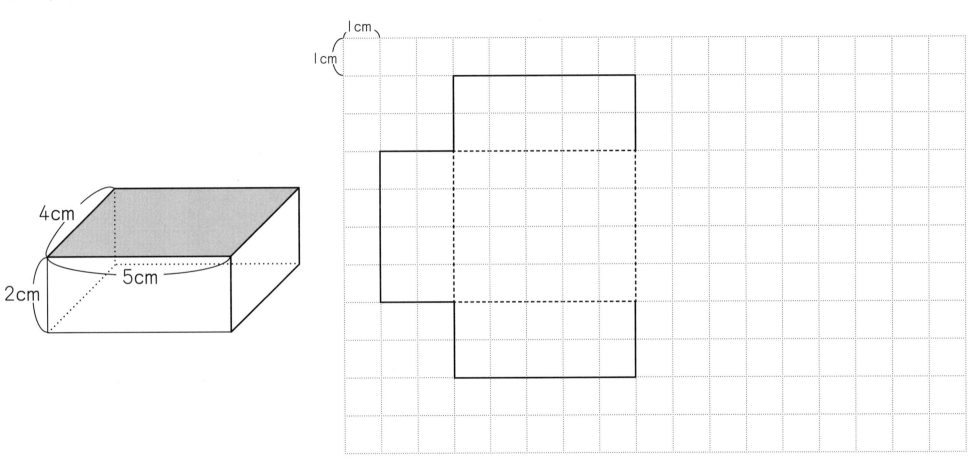

1cm

1cm

4cm

2cm

5cm

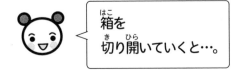

箱を
切り開いていくと…。

93

直方体と立方体 (6)

		名 前
月	日	

● 下の立方体の展開図を見て答えましょう。

展開図を切り取って組み立てながら調べよう。

（展開図：スシ／アセサコケ／イウカキク／エオ）

① 点アと重なる点はどれですか。

点 [　　　]

点 [　　　]

② 辺カキと重なる辺はどれですか。

辺 [　　　]

94

直方体と立方体 (7)

		名 前
月	日	

● 次の直方体の面について調べましょう。

① 面 あ に平行な面はどれですか。

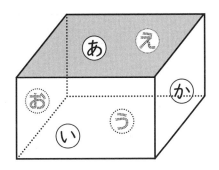

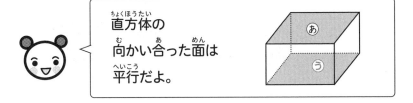

直方体の
向かい合った面は
平行だよ。

面 ☐

② 面 い に平行な面はどれですか。

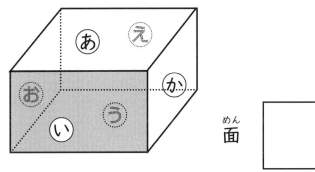

面 ☐

③ 面 お に平行な面はどれですか。

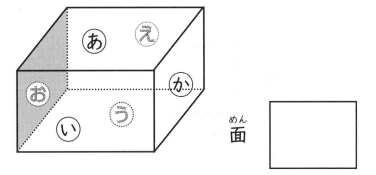

面 ☐

● 次の直方体の面について調べましょう。

① 面⑧に垂直な面をすべて書きましょう。

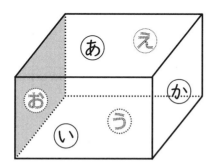

面⑧ととなり合った面は
すべて垂直の関係だよ。

面 　　面

面 　　面

② 面あに垂直な面をすべて書きましょう。

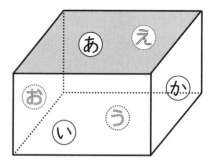

面あととなり合っている
面はどれかな。

面 ☐　　面 ☐

面 ☐　　面 ☐

96

		名前
月	日	

● 次の直方体の辺について調べましょう。

① 辺アイに平行な辺をすべて書きましょう。

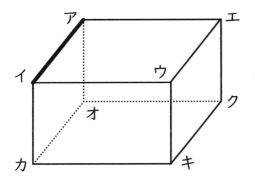

１つの辺に対して平行な辺は３本あるよ。
同じ向きの辺はどれかな。

辺 エウ　　辺 ⬚

辺 ⬚

② 辺アイに垂直な辺をすべて書きましょう。

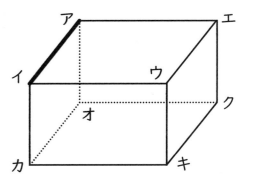

１つの辺に対して
垂直な辺は４本あるよ。

辺 アエ　　辺 アオ

辺 ⬚　　辺 ⬚

		名前
月	日	

● 次の直方体の面と辺について調べましょう。

① 面アイウエに平行な辺をすべて書きましょう。

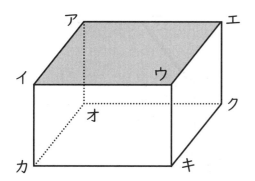

 面アイウエに平行な面は面オカキクになるね。

辺 オカ 辺 ☐

辺 ☐ 辺 ☐

② 面アイウエに垂直な辺をすべて書きましょう。

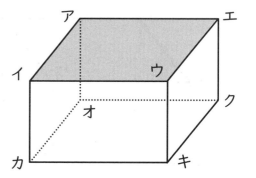

 １つの面に対して垂直な辺は 4 本あるよ。

辺 アオ 辺 イカ

辺 ☐ 辺 ☐

98

		名　前
月	日	

● 下のような直方体と立方体の見取図の続きをかきましょう。

ちょくほうたい
直方体

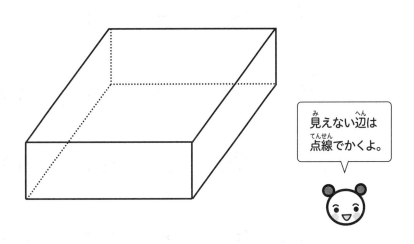

見えない辺は
点線でかくよ。

りっぽうたい
立方体

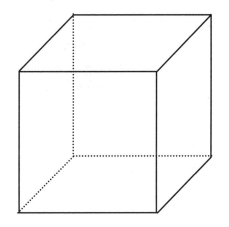

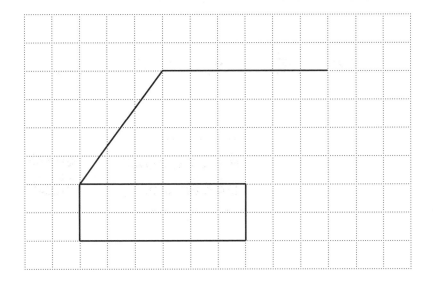

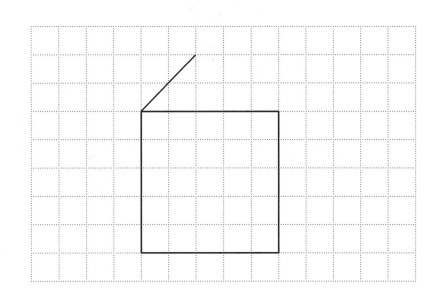

99

		名 前
月	日	

● 点アの位置をもとにして，点イ〜オの位置を表しましょう。

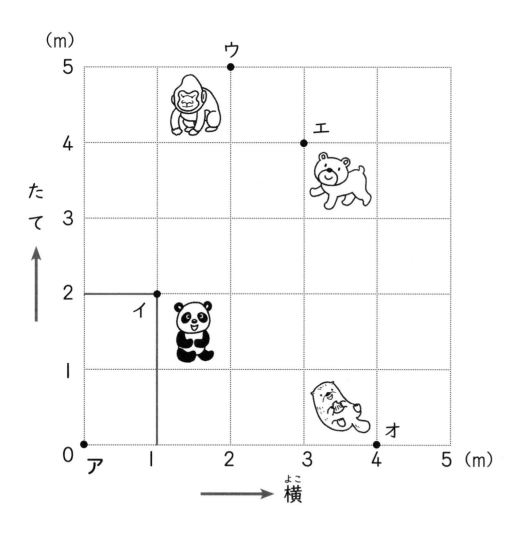

点ア　（横 ◯ m，たて ◯ m）

点イ　（横 | m，たて 2 m）

点ウ　（横　　m，たて　　m）

点エ　（横　　m，たて　　m）

点オ　（横　　m，たて　　m）

横→たて のじゅんで
位置を調べよう。

直方体と立方体 （13）

		名 前
月	日	

● 点アの位置をもとにして，動物の位置を表しましょう。

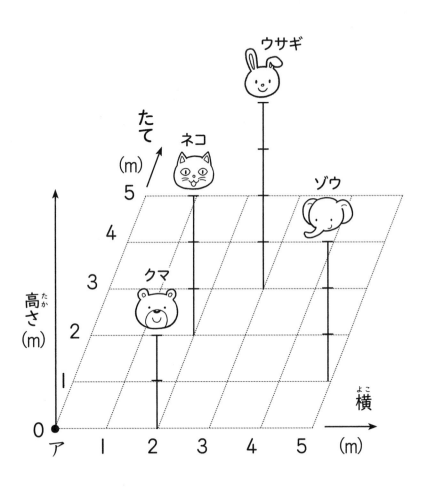

横→たて→高さ のじゅんに
位置を調べよう。

ネコ （横 2 m, たて 2 m, 高さ 3 m ）

クマ （横　　 m, たて　　 m, 高さ　　 m ）

ウサギ（横　　 m, たて　　 m, 高さ　　 m ）

ゾウ （横　　 m, たて　　 m, 高さ　　 m ）

101

児童に実施させる前に，必ず指導される方が問題を解いてください。本書の解答は，あくまでも1つの例です。指導される方の作られた解答をもとに，本書の解答例を参考に児童の多様な考えに寄り添って○つけをお願いします。

P.4

式と計算 (1)

名前　月　日

● しょうさんとはるかさんが500円玉を持って買い物に行きました。残りのお金はいくらになりますか。
2人の買い物のしかたを表す式を線でむすびましょう。

しょうさん

はるかさん

あ
120 + 150 = 270
500 − 270 = 230
答え　230円

い
500 − 150 = 350
350 − 120 = 230
答え　230円

4

P.5

式と計算 (2)

名前　月　日

● はるかさんの買い物のしかたを1つの式に表しましょう。

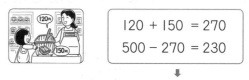

120 + 150 = 270
500 − 270 = 230

↓

持っていたお金　品物の代金　残りのお金

$500 - (\boxed{120} + \boxed{150}) = 230$

（ ）のある式では，（ ）の中をひとまとまりとみて，先に計算するよ。

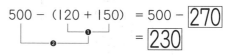

$500 - (120 + 150) = 500 - \boxed{270}$
$= \boxed{230}$

1, 2の
じゅんに
計算しよう。

5

P.6

式と計算 (3)

名前　月　日

● ひなさんは，500円のももと200円のりんごを買いました。
1000円さつではらうと，おつりは何円ですか。
（ ）を使って1つの式に表して求めましょう。

式

はらったお金　代金

$\boxed{1000} - (\boxed{500} + \boxed{200})$

$= \boxed{1000} - \boxed{700}$

$= \boxed{300}$

（ ）の中から
先に計算
するよ。

答え　$\boxed{300}$円

● 計算をしましょう。

① $43 + (18 + 2)$
$= 43 + \boxed{20}$
$= \boxed{63}$

② $90 - (27 - 7)$
$= \boxed{90} - \boxed{20}$
$= \boxed{70}$

③ $56 + (14 - 10)$
$= \boxed{56} + \boxed{4}$
$= \boxed{60}$

6

P.7

式と計算 (4)

名前　月　日

● 1こ90円のあんパンと，1こ110円のメロンパンを1組
にして7人に配ります。代金は何円になりますか。
（ ）を使って1つの式に表して求めましょう。

式

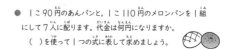
1組分の代金　人数

$(\boxed{90} + \boxed{110}) \times \boxed{7}$

$= \boxed{200} \times \boxed{7}$

$= \boxed{1400}$

（ ）の中から
先に計算
するよ。

答え　$\boxed{1400}$円

● 計算をしましょう。

① $(72 - 62) \times 8$
$= \boxed{10} \times 8$
$= \boxed{80}$

② $5 \times (3 + 7)$
$= 5 \times \boxed{10}$
$= \boxed{50}$

③ $(14 + 16) \times 2$
$= \boxed{30} \times 2$
$= \boxed{60}$

7

P.8

式と計算 (5)

名前　月　日

● 1こ20円のあめを4こと，
300円のクッキーを1箱買いました。
代金は何円になりますか。
1つの式に表して求めましょう。

式

$$20 \times 4 + 300$$
（① あめの代金）（② クッキーの代金）

$$= 80 + 300$$

$$= 380$$

かけ算・わり算は，
たし算・ひき算より
先に計算します。

答え **380** 円

● 計算をしましょう。

① $6 + 8 \times 3$
$= 6 + 24$
$= 30$

② $25 \div 5 \times 7$
$= 5 \times 7$
$= 35$

③ $40 - 27 \div 9$
$= 40 - 3$
$= 37$

8

P.9

式と計算 (6)

名前　月　日

● 計算の順じょにしたがって計算しましょう。

・ふつう，左から順にします。
・（ ）があるときは，（ ）の中を先にします。
・＋，－と×，÷とでは，×，÷を先にします。

① $12 - (6 + 3) = 12 - 9$
$= 3$

② $12 \div 6 + 3 = 2 + 3$
$= 5$

③ $12 + 6 \div 3 = 12 + 2$
$= 14$

④ $12 + 6 - 3 = 18 - 3$
$= 15$

⑤ $12 \div (6 \div 3) = 12 \div 2$
$= 6$

9

P.10

式と計算 (7)

名前　月　日

● 花だんに赤いチューリップと白いチューリップがさいています。
花は全部で何本さいていますか。
1つの式に表して求めましょう。

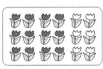

だいきさん
（たての花の数）（横の花の数）
$$3 \times (4 + 2)$$
$$= 3 \times 6$$
$$= 18$$
答え 18 本

ゆいさん
（赤の花の数）（白の花の数）
$$3 \times 4 + 3 \times 2$$
$$= 12 + 6$$
$$= 18$$
答え 18 本

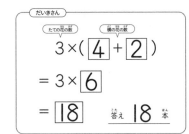

2人の式の答えは同じになるので，$3 \times (4 + 2) = 3 \times 4 + 3 \times 2$

10

P.11

式と計算 (8)

名前　月　日

● くふうして計算しましょう。

① $68 + 96 + 4 = 68 + 100$
$= 168$

② $25 \times 7 \times 4 = 100 \times 7$
$= 700$

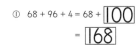
$25 \times 4 = 100$を
覚えておくといいね。

③ $25 \times 32 = 25 \times 4 \times 8$
$= 100 \times 8$
$= 800$

$4 \times \square = 32$

④ $107 \times 6 = (100 + 7) \times 6$
$= 100 \times 6 + 7 \times 6$
$= 600 + 42$
$= 642$

⑤ $99 \times 5 = (100 - 1) \times 5$
$= 100 \times 5 - 1 \times 5$
$= 500 - 5$
$= 495$

11

解答

児童に実施させる前に，必ず指導される方が問題を解いてください。本書の解答は，あくまでも1つの例です。指導される方の作られた解答をもとに，本書の解答例を参考に児童の多様な考えに寄り添って○つけをお願いします。

P.12

垂直と平行 (1)　　垂直

名前　月　日

● 下の地図を見て，道がどのように交わっているかを考えましょう。

⑦のように，2本の直線が交わってできる角が直角のとき，この2本の直線は垂直であるといいます。

■ ④〜⑦で，2本の直線が垂直なのはどれですか。三角じょうぎを使って調べましょう。

ウ, オ

P.13

垂直と平行 (2)　　垂直

名前　月　日

● 2本の直線が垂直に交わっているのはどれですか。（ ）に○をしましょう。

① （○）　② （○）

③ （ ）　④ （○）

● 下の図で，⑦の直線に垂直な直線はどれですか。三角じょうぎを使ってすべて見つけましょう。

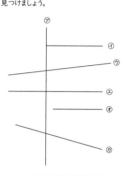

イ, エ, オ

P.14

垂直と平行 (3)　　垂直

名前　月　日

● 点Aを通って，直線⑦に垂直な直線をひきましょう。

①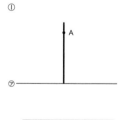

②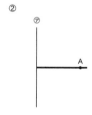

③

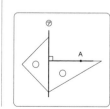

P.15

垂直と平行 (4)　　平行

名前　月　日

● 下の地図を見て答えましょう。

1本の直線に垂直な2本の直線は平行であるといいます。

① 直線④と直線⑦は，のばすと交わりますか。

交わらない

③ 下の地図で，直線⑦と直線⑦は平行といえますか。三角じょうぎを使って調べましょう。

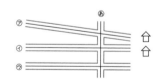

② 直線④と直線⑦は，直線⑥とそれぞれどのように交わっていますか。

垂直に交わる

直線⑦と直線⑦は（ 平行である ・ 平行ではない ）

104

P.16

垂直と平行 (5)　　平行

● ２本の直線が平行になっているのはどれですか。
（ ）に○をしましょう。

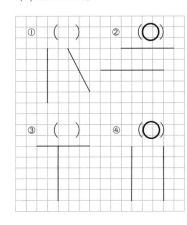

① （ ）　② （○）
③ （ ）　④ （○）

● 直線⑦と直線④は平行です。
⑤，⑥，⑦の長さを調べましょう。

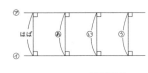

⑤ **3** cm
⑥ **3** cm
⑦ **3** cm

> 平行な２本の直線のはばは，
> どこをはかっても等しくなっています。

P.17

垂直と平行 (6)　　平行

● 下の３本の直線⑦，④，⑦は平行です。
⑤，⑥，⑦の角度を調べましょう。

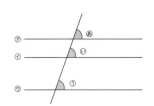

⑤ **70** °　⑥ **70** °
⑦ **70** °

> 平行な直線は，ほかの直線と
> 等しい角度で交わるね。

● 下の３本の直線⑦，④，⑦は平行です。
⑤，⑥，⑦の角度はそれぞれ何度ですか。

> 分度器を使わずに
> 計算で求めよう。

50°

⑤ **50** °　⑥ **130** °
⑦ **50** °

P.18

垂直と平行 (7)　　平行

● 点Bを通って，直線④に平行な直線をひきましょう。

①

④

B

②
④

B

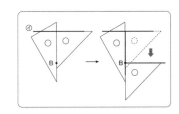
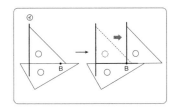

P.19

垂直と平行 (8)

● 下の図で，直線⑧に垂直な直線は⑦と④の
どちらですか。

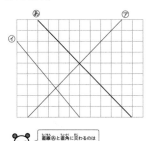

● 下の図で，直線⑧に平行な直線は⑦と④の
どちらですか。

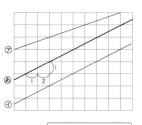

> 直線⑧と直角に交わるのは
> どちらの直線かな。

> 直線⑧は，右へ２進むと上に１上がる
> かたむきだね。

⑧に垂直な直線は **⑦**

⑧に平行な直線は **④**

解答

児童に実施させる前に，必ず指導される方が問題を解いてください。本書の解答は，あくまでも１つの例です。指導される方の作られた解答をもとに，本書の解答例を参考に児童の多様な考えに寄り添って○つけをお願いします。

P.20

四角形（1）　　台形・平行四辺形

名前　月　日

● 向かい合った１組の辺が平行な四角形に色をぬりましょう。🐼

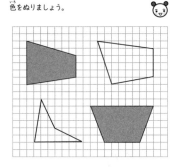

向かい合った１組の辺が平行な四角形を台形といいます。

● 向かい合った２組の辺が平行な四角形に色をぬりましょう。😊

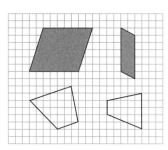

向かい合った２組の辺が平行な四角形を平行四辺形といいます。

20

P.21

四角形（2）　　台形・平行四辺形

名前　月　日

● ２本の平行な直線を使って，台形をかきましょう。

略

● ２本の平行な直線を使って，平行四辺形をかきましょう。

略

向かい合ったもう１組の辺も平行になるようにかこう。😊

■ 図のような台形を右にかきましょう。

2cm

直線アとイは平行だね。🐼

■ 平行四辺形の続きをかきましょう。

①　　②

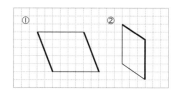

21

P.22

四角形（3）　　平行四辺形

名前　月　日

● 下の平行四辺形の角度や辺の長さを調べましょう。

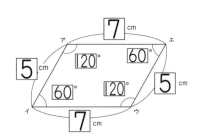

平行四辺形の向かい合った辺の長さは等しくなっています。また、向かい合う角の大きさも等しくなっています。🐼

● 下の平行四辺形の角度や辺の長さを求めましょう。

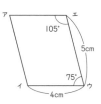

辺アイ　5　cm

辺エア　4　cm

角ア　75　°

角イ　105　°

22

P.23

四角形（4）　　平行四辺形

名前　月　日

● 下の図のような平行四辺形をかきましょう。

①

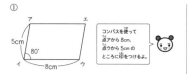

コンパスを使って点アから8cm，点ウから5cmのところに印をつけるよ。🐼

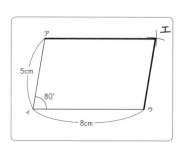

②

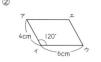

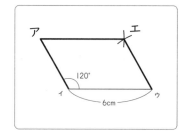

23

106

P.24

四角形 (5)　　　　ひし形

	名前
月　日	

● 4つの辺の長さがすべて同じ四角形に色をぬりましょう。

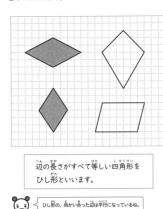

辺の長さがすべて等しい四角形を
ひし形といいます。

ひし形の、向かい合った辺は平行になっているね。

● 下のひし形の角度や辺の長さを求めましょう。

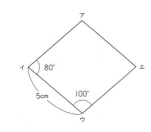

角ア **100**°　　角エ **80**°

辺アイ **5** cm　　辺ウエ **5** cm

辺エア **5** cm

P.25

四角形 (6)　　　　ひし形

	名前
月　日	

● コンパスを使って辺の長さが6cmのひし形をかきましょう。

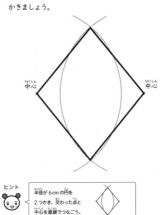

中心　　　　　　中心

ヒント　半径が6cmの円を2つかき、交わった点と中心を直線でつなごう。

● 下の図のようなひし形をかきましょう。

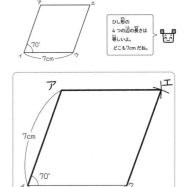

ひし形の4つの辺の長さは等しいよ。どこも7cmだね。

P.26

四角形 (7)

	名前
月　日	

● □にあてはまることばや数を書きましょう。

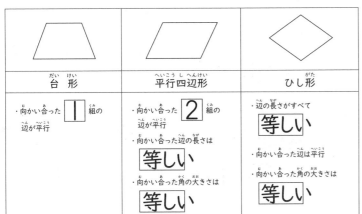

台形	平行四辺形	ひし形
・向かい合った **1** 組の辺が平行	・向かい合った **2** 組の辺が平行 ・向かい合った辺の長さは **等しい** ・向かい合った角の大きさは **等しい**	・辺の長さがすべて **等しい** ・向かい合った辺は平行 ・向かい合った角の大きさは **等しい**

P.27

四角形 (8)　　　　四角形の対角線

	名前
月　日	

四角形の向かい合う頂点を結んだ直線を対角線というよ。

● 次の四角形の対角線について調べましょう。

正方形　　長方形　　台形　　平行四辺形　　ひし形

① 2本の対角線の長さが等しい四角形

　　正方形 ， **長方形**

② 2本の対角線が垂直に交わる四角形

　　正方形 ， **ひし形**

③ 2本の対角線が交わった点で，それぞれの対角線が2等分される四角形

　　正方形　　**長方形**

　　平行四辺形　　**ひし形**

107

P.28

分数 (1)

名前　月　日

● 次の㋐～㋑の長さを分数で表しましょう。

$\frac{1}{3}$mが何こ分あるかで考えるといいね。

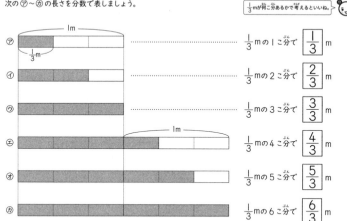

㋐　$\frac{1}{3}$mの1こ分で　$\boxed{\frac{1}{3}}$ m

㋑　$\frac{1}{3}$mの2こ分で　$\boxed{\frac{2}{3}}$ m

㋒　$\frac{1}{3}$mの3こ分で　$\boxed{\frac{3}{3}}$ m

㋓　$\frac{1}{3}$mの4こ分で　$\boxed{\frac{4}{3}}$ m

㋔　$\frac{1}{3}$mの5こ分で　$\boxed{\frac{5}{3}}$ m

㋕　$\frac{1}{3}$mの6こ分で　$\boxed{\frac{6}{3}}$ m

28

P.29

分数 (2)

名前　月　日

● 次の㋐～㋒の長さを分数で表しましょう。

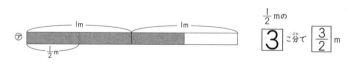

㋐　$\frac{1}{2}$mの $\boxed{3}$ こ分で $\boxed{\frac{3}{2}}$ m

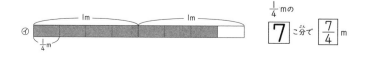

㋑　$\frac{1}{4}$mの $\boxed{7}$ こ分で $\boxed{\frac{7}{4}}$ m

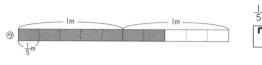

㋒　$\frac{1}{5}$mの $\boxed{7}$ こ分で $\boxed{\frac{7}{5}}$ m

29

P.30

分数 (3)

名前　月　日

● $\frac{5}{3}$ mは，1mと何mをあわせた長さですか。

$\frac{5}{3}$mは，1mと $\boxed{\frac{2}{3}}$ mをあわせた長さ

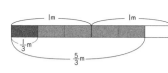
1mと$\frac{2}{3}$mをあわせた長さを
$1\frac{2}{3}$mと書き，「一と三分の二メートル」
と読むよ。

$$\frac{5}{3}\text{m} = \boxed{1}\boxed{\frac{2}{3}} \text{m}$$

★真分数…分子が分母より小さい分数
　$\frac{2}{3}$，$\frac{4}{5}$　など

★仮分数…分子と分母が同じか，
　　　　分子が分母より大きい分数
　$\frac{5}{3}$，$\frac{4}{4}$　など

★帯分数…整数と真分数の和で表されている分数
　$1\frac{1}{3}$，$2\frac{2}{5}$　など

● 真分数には赤，仮分数には青，帯分数には
黄の色をぬりましょう。

$1\frac{1}{4}$ 黄　$\frac{8}{5}$ 青　$\frac{6}{6}$ 青　$\frac{4}{7}$ 赤

30

P.31

分数 (4)

名前　月　日

● 次の㋐，㋑の長さを帯分数で表しましょう。

㋐
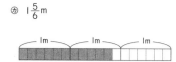

1mと $\boxed{\frac{3}{4}}$ mで $\boxed{1}\boxed{\frac{3}{4}}$ m

㋑
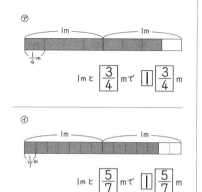

1mと $\boxed{\frac{5}{7}}$ mで $\boxed{1}\boxed{\frac{5}{7}}$ m

● 次の㋕，㋖の長さだけ色をぬりましょう。

㋕　$1\frac{5}{6}$ m

㋖　$2\frac{1}{3}$ m
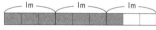
$2\frac{1}{3}$mは，
2mと$\frac{1}{3}$mだね。

31

108

P.32

分数 (5)

● 次の長さを，仮分数と帯分数で表しましょう。

①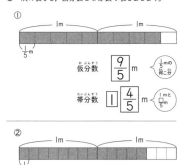

1m　1m　　1/5 m

仮分数 $\dfrac{9}{5}$ m （1/5mの何こ分）

帯分数 $1\dfrac{4}{5}$ m （1mと□/5）

② 1m　1m　　1/8 m

仮分数 $\dfrac{13}{8}$ m

帯分数 $1\dfrac{5}{8}$ m

● 次のかさを，仮分数と帯分数で表しましょう。

①

1L　1L　　1/7 L （1/7Lの何こ分）

仮分数 $\dfrac{10}{7}$ L　　帯分数 $1\dfrac{3}{7}$ L

②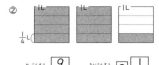

1/4 L

仮分数 $\dfrac{9}{4}$ L　　帯分数 $2\dfrac{1}{4}$ L

P.33

分数 (6)

● □に真分数か仮分数，□に帯分数を書きましょう。

①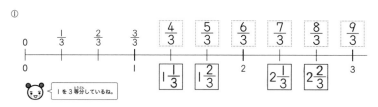

0　1/3　2/3　3/3　4/3　5/3　6/3　7/3　8/3　9/3

0 … 1　$1\dfrac{1}{3}$　$1\dfrac{2}{3}$　2　$2\dfrac{1}{3}$　$2\dfrac{2}{3}$　3

（1を3等分しているね。）

②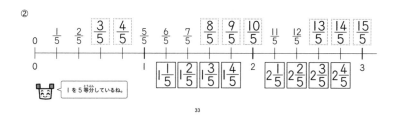

0　1/5　2/5　3/5　4/5　5/5　6/5　7/5　8/5　9/5　10/5　11/5　12/5　13/5　14/5　15/5

0 … $1\dfrac{1}{5}$　$1\dfrac{2}{5}$　$1\dfrac{3}{5}$　$1\dfrac{4}{5}$　2　$2\dfrac{1}{5}$　$2\dfrac{2}{5}$　$2\dfrac{3}{5}$　$2\dfrac{4}{5}$　3

（1を5等分しているね。）

P.34

分数 (7)

● 次の仮分数を帯分数か整数になおしましょう。

① $\dfrac{7}{4} = 1\dfrac{3}{4}$　　$7 \div 4 = ① あまり ③$

$\dfrac{7}{4} = ①\dfrac{3}{4}$

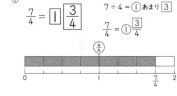

② $\dfrac{11}{6} = 1\dfrac{5}{6}$　　$11 \div 6 = ① あまり ⑤$

$\dfrac{11}{6} = ①\dfrac{5}{6}$

③ $\dfrac{21}{7} = 3$　　$21 \div 7 = ③$

④ $\dfrac{8}{3} = 2\dfrac{2}{3}$　　$8 \div 3 = ② あまり ②$

$\dfrac{8}{3} = ②\dfrac{2}{3}$

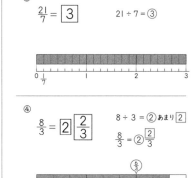

P.35

分数 (8)

● 次の仮分数を帯分数か整数になおしましょう。

① $\dfrac{11}{5} = 2\dfrac{1}{5}$　　$11 \div 5 = ② あまり ①$

$\dfrac{11}{5} = ②\dfrac{1}{5}$

② $\dfrac{13}{8} = 1\dfrac{5}{8}$　　$13 \div 8 = ① あまり ⑤$

$\dfrac{13}{8} = ①\dfrac{5}{8}$

③ $\dfrac{15}{4} = 3\dfrac{3}{4}$　　$15 \div 4 = ③ あまり ③$

$\dfrac{15}{4} = ③\dfrac{3}{4}$

④ $\dfrac{18}{6} = 3$　　$18 \div 6 = ③$

⑤ $\dfrac{16}{7} = 2\dfrac{2}{7}$　　$16 \div 7 = ② あまり ②$

$\dfrac{16}{7} = ②\dfrac{2}{7}$

解答

児童に実施させる前に，必ず指導される方が問題を解いてください。本書の解答は，あくまでも1つの例です。指導される方の作られた解答をもとに，本書の解答例を参考に児童の多様な考えに寄り添って○つけをお願いします。

P.36

分数 (9)

● 次の帯分数を仮分数になおしましょう。

① $1\frac{2}{5} = \dfrac{7}{5}$　　$1\frac{2}{5} = \dfrac{⑦}{5}$
$5 \times 1 + 2 = ⑦$

0　$\frac{1}{5}$　1　$1\frac{2}{5}$　2

③ $1\frac{3}{8} = \dfrac{11}{8}$　　$1\frac{3}{8} = \dfrac{⑪}{8}$
$8 \times 1 + 3 = ⑪$

0　$\frac{1}{8}$　1　$1\frac{3}{8}$　2

② $2\frac{1}{4} = \dfrac{9}{4}$　　$2\frac{1}{4} = \dfrac{⑨}{4}$
$4 \times 2 + 1 = ⑨$

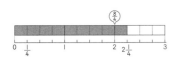
0　$\frac{1}{4}$　1　2　$2\frac{1}{4}$　3

④ $3\frac{1}{3} = \dfrac{10}{3}$　　$3\frac{1}{3} = \dfrac{⑩}{3}$
$3 \times 3 + 1 = ⑩$

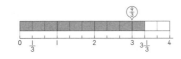
0　$\frac{1}{3}$　1　2　3　$3\frac{1}{3}$　4

36

P.37

分数 (10)

● 次の帯分数を仮分数になおしましょう。

① $3\frac{1}{2} = \dfrac{7}{2}$　　$2 \times 3 + 1 = ⑦$

$1 = \frac{2}{2}$ だから，$3 = \frac{⑥}{2}$ だね。

② $1\frac{5}{6} = \dfrac{11}{6}$　　$6 \times 1 + 5 = ⑪$

$1 = \frac{6}{6}$

③ $2\frac{3}{4} = \dfrac{11}{4}$　　$4 \times 2 + 3 = ⑪$

$1 = \frac{4}{4}$ だから，$2 = \frac{8}{4}$ だね。

④ $1\frac{5}{8} = \dfrac{13}{8}$　　$8 \times 1 + 5 = ⑬$

$1 = \frac{8}{8}$

⑤ $2\frac{3}{7} = \dfrac{17}{7}$　　$7 \times 2 + 3 = ⑰$

$1 = \frac{7}{7}$ だから，$2 = \frac{14}{7}$

37

P.38

分数 (11)

● どちらが大きいですか。□に不等号 (>，<) を書きましょう。

① $\dfrac{7}{2}$ ［ > ］ $2\frac{1}{2}$

色をぬってくらべてみよう。

$\frac{7}{2}$ を帯分数にすると
$3\frac{1}{2}$

$2\frac{1}{2}$ を仮分数にすると
$\frac{5}{2}$

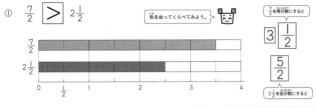
$\frac{7}{2}$
$2\frac{1}{2}$
0　$\frac{1}{2}$　1　2　3　4

② $2\frac{2}{3}$ ［ < ］ $\dfrac{10}{3}$

$2\frac{2}{3}$ を仮分数にすると
$\frac{8}{3}$

$\frac{10}{3}$ を帯分数にすると
$3\frac{1}{3}$

帯分数，仮分数どちらかにそろえるとくらべやすいね。

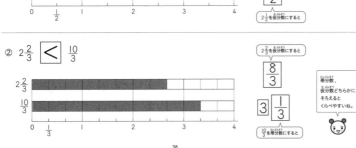
$2\frac{2}{3}$
$\frac{10}{3}$
0　$\frac{1}{3}$　1　2　3　4

38

P.39

分数 (12)

● 次の数直線を使って，分数の大きさを調べましょう。

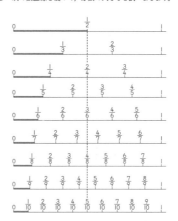

① $\frac{1}{2}$ と大きさの等しい分数を書きましょう。

数直線をたてに見てみよう。

$\dfrac{1}{2} = \dfrac{2}{4} = \dfrac{3}{6} = \dfrac{4}{8} = \dfrac{5}{10}$

② $\frac{1}{2}$，$\frac{1}{3}$，$\frac{1}{4}$，$\frac{1}{5}$ を大きい方から順に書きましょう。

大 $\dfrac{1}{2}$ $\dfrac{1}{3}$ $\dfrac{1}{4}$ $\dfrac{1}{5}$ 小

③ □に不等号を書きましょう。

$\left(\dfrac{2}{3} \boxed{>} \dfrac{2}{5} \right)$　$\left(\dfrac{1}{10} \boxed{<} \dfrac{1}{8} \right)$

39

result110

P.40

分　数（13）　　分数のたし算・ひき算　　　　月　日　名前

● $\frac{2}{4} + \frac{3}{4}$ の計算をしましょう。

あわせる　色をぬってみよう

$\frac{1}{4}$が2こ　　$\frac{1}{4}$が3こ　　$\frac{1}{4}$が **5** こ

$$\frac{2}{4} + \frac{3}{4} = \boxed{\frac{5}{4}} \quad \text{仮分数}$$

$$= \boxed{1\frac{1}{4}} \quad \text{帯分数}$$

■ $\frac{8}{5} - \frac{4}{5}$ の計算をしましょう。

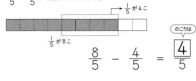

$\frac{1}{5}$が4こ

$\frac{1}{5}$が8こ

のこりは

$$\frac{8}{5} - \frac{4}{5} = \boxed{\frac{4}{5}}$$

分母が同じ分数の
たし算やひき算は，
分母はそのままにして，
分子だけを計算するよ。

40

P.41

分　数（14）　　分数のたし算・ひき算　　　　月　日　名前

● 計算をしましょう。

① $\frac{4}{7} + \frac{2}{7} = \boxed{\frac{6}{7}}$ ◁ 4+2

② $\frac{2}{3} + \frac{8}{3} = \boxed{\frac{10}{3}}$

　　　　　$= \boxed{3\frac{1}{3}}$　分母はそのままにして，分子だけ計算するよ。

③ $\frac{5}{6} + \frac{7}{6} = \boxed{\frac{12}{6}}$

　　　　　$= \boxed{2}$ ◁ 整数

● 計算をしましょう。

① $\frac{11}{8} - \frac{5}{8} = \boxed{\frac{6}{8}}$ ◁ 11-5

② $\frac{10}{7} - \frac{3}{7} = \boxed{\frac{7}{7}}$

　　　　　$= \boxed{1}$ ◁ 整数

③ $\frac{15}{6} - \frac{5}{6} = \boxed{\frac{10}{6}}$

　　　　　$= \boxed{1\frac{4}{6}}$

41

P.42

分　数（15）　　帯分数のたし算　　　　月　日　名前

● $1\frac{1}{5} + 2\frac{2}{5}$ の計算をしましょう。

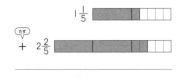

$1\frac{1}{5}$

たす

$+ \quad 2\frac{2}{5}$

答えの分だけ色をぬってみよう

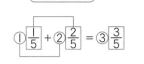

$$\boxed{1}\frac{1}{5} + \boxed{2}\frac{2}{5} = \boxed{3}\frac{3}{5}$$

整数どうし，
分子どうしで
計算できるね。

● 計算をしましょう。

① $2\frac{1}{4} + 1\frac{2}{4} = \boxed{3}\frac{3}{4}$

$\frac{2}{4}+\frac{1}{4}$

② $\frac{3}{7} + 3\frac{3}{7} = \boxed{3}\frac{6}{7}$

$\frac{3}{7}+\frac{3}{7}$

③ $1\frac{2}{9} + 1\frac{4}{9} = \boxed{2}\frac{6}{9}$

$\frac{2}{9}+\frac{4}{9}$

42

P.43

分　数（16）　　帯分数のたし算　　　　月　日　名前

● $1\frac{2}{4} + 1\frac{3}{4}$ の計算をしましょう。

$1\frac{2}{4}$

たす

$+ \quad 1\frac{3}{4}$

答えの分だけ色をぬってみよう

$$\boxed{1}\frac{2}{4} + \boxed{1}\frac{3}{4} = \boxed{2}\frac{5}{4}$$

$$= \boxed{3}\frac{1}{4}$$

$\frac{5}{4}$は
$1\frac{1}{4}$だね。

● 計算をしましょう。

① $1\frac{4}{5} + 1\frac{2}{5} = \boxed{2}\frac{6}{5}$　　$\frac{6}{5}$は$1\frac{1}{5}$

$$= \boxed{3}\frac{1}{5}$$

② $2\frac{2}{3} + 1\frac{1}{3} = \boxed{3}\frac{3}{3}$

$$= \boxed{4}$$ ◁ 整数

③ $1\frac{6}{7} + \frac{4}{7} = \boxed{1}\frac{10}{7}$

$$= \boxed{2}\frac{3}{7}$$

43

P.44

分数 (17)　帯分数のひき算

● 計算をしましょう。

① $2\frac{4}{5} - 1\frac{2}{5} = \boxed{1}\frac{\boxed{2}}{5}$

$\boxed{2\frac{4}{5} - 1\frac{2}{5}}$

② $3\frac{1}{6} - \frac{1}{6} = \boxed{3}$

$\boxed{3\frac{1}{6} - 0\frac{1}{6}}$

③ $3\frac{6}{7} - 2\frac{5}{7} = \boxed{1}\frac{\boxed{1}}{7}$

$\boxed{3\frac{6}{7} - 2\frac{5}{7}}$

④ $4\frac{5}{8} - 4 = \frac{\boxed{5}}{8}$

$\boxed{4\frac{5}{8} - 4}$

⑤ $2\frac{9}{10} - 1\frac{3}{10} = \boxed{1}\frac{\boxed{6}}{10}$

$\boxed{2\frac{9}{10} - 1\frac{3}{10}}$

整数どうし，分数どうしで計算できるね。

44

P.45

分数 (18)　帯分数のひき算

● $2\frac{1}{3} - 1\frac{2}{3}$ を計算しましょう。

$\frac{1}{3} - \frac{2}{3}$ の計算ができないよ。

$2\frac{1}{3} - 1\frac{2}{3} = \frac{\boxed{7}}{3} - \frac{\boxed{5}}{3}$　仮分数になおす

$= \frac{\boxed{2}}{3}$

■ $2 - \frac{3}{5}$ を計算しましょう。

$2 - \frac{3}{5} = \frac{\boxed{10}}{5} - \frac{3}{5}$　仮分数になおす

$= \frac{\boxed{7}}{5}$

$= \boxed{1}\frac{\boxed{2}}{5}$

● 仮分数になおして計算しましょう。

① $1\frac{1}{4} - \frac{3}{4} = \frac{\boxed{5}}{4} - \frac{3}{4}$

$= \frac{\boxed{2}}{4}$

② $2\frac{2}{5} - 1\frac{4}{5} = \frac{\boxed{12}}{5} - \frac{\boxed{9}}{5}$

$= \frac{\boxed{3}}{5}$

③ $3 - 1\frac{1}{2} = \frac{\boxed{6}}{2} - \frac{\boxed{3}}{2}$

$= \frac{\boxed{3}}{2}$

$= \boxed{1}\frac{\boxed{1}}{2}$

45

P.46

面積 (1)

広さのことを面積といいます。
１辺が１cmの正方形を，
１平方センチメートルといい，
$1cm^2$ と書きます。

あは，$1cm^2$ が３こ分で $3cm^2$ だね。

● 下の⑦，①の面積は何cm^2 ですか。

⑦ $1cm^2$ が $\boxed{9}$ こ分で $\boxed{9}$ cm^2

① $1cm^2$ が $\boxed{10}$ こ分で $\boxed{10}$ cm^2

■ 練習しましょう。

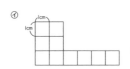 $1cm^2$ $2cm^2$ $3cm^2$ $4cm^2$ $5cm^2$

46

P.47

面積 (2)

● 下の⑦〜①の面積は何cm^2 ですか。

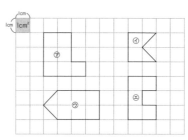

⑦ $\boxed{7}$ cm^2　　① $\boxed{3}$ cm^2

⑦ $\boxed{7}$ cm^2　　① $\boxed{5}$ cm^2

● 下の方がんに $8cm^2$ になる図形をかきましょう。

いくつかけるかな。

略

× ◯ きちんと図形がとじているかな。

47

112

児童に実施させる前に，必ず指導される方が問題を解いてください。本書の解答は，あくまでも1つの例です。指導される方の作られた解答をもとに，本書の解答例を参考に児童の多様な考えに寄り添って○つけをお願いします。

解答

P.48

面積 (3)

● あの面積と○の面積を合わせると何 cm² になりますか。

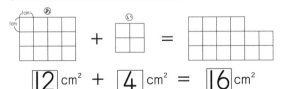

$$12 \text{ cm}^2 + 4 \text{ cm}^2 = 16 \text{ cm}^2$$

答え 16 cm²

● かの面積からきの面積をひくと何 cm² になりますか。

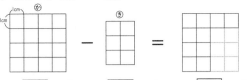

面積は，たしたりひいたりすることができるよ。

$$16 \text{ cm}^2 - 6 \text{ cm}^2 = 10 \text{ cm}^2$$

答え 10 cm²

48

P.49

面積 (4)

● 次の長方形や正方形の面積を求めましょう。

1cm² の正方形の数を計算で求めてみよう。

①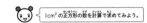

1cm² の正方形
たての数 横の数 全部の数
$$3 \times 4 = 12$$
たての長さ 横の長さ 面積

答え 12 cm²

②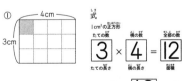

式 $$4 \times 4 = 16$$

答え 16 cm²

③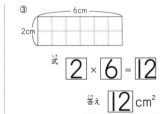

式 $$2 \times 6 = 12$$

答え 12 cm²

④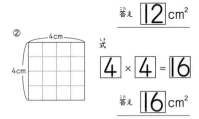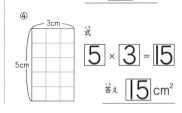

式 $$5 \times 3 = 15$$

答え 15 cm²

49

P.50

面積 (5)

長方形の面積 ＝ たて × 横
正方形の面積 ＝ 1辺 × 1辺

● 次の長方形や正方形の面積を求めましょう。

①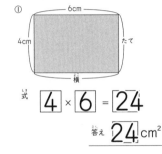

式 $$4 \times 6 = 24$$

答え 24 cm²

②

式 $$3 \times 3 = 9$$

答え 9 cm²

③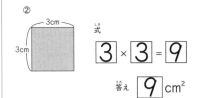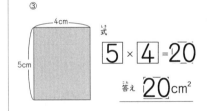

式 $$5 \times 4 = 20$$

答え 20 cm²

50

P.51

面積 (6)

● 次の長方形と正方形の辺の長さをはかって面積を求めましょう。

① 長方形

 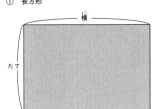

式 $$\underset{\text{たて}}{6} \times \underset{\text{横}}{9} = 54$$

答え 54 cm²

② 正方形

式 $$\underset{\text{1辺}}{7} \times \underset{\text{1辺}}{7} = 49$$

答え 49 cm²

51

113

P.52

面積 (7)

名前　月　日

● 面積が 18cm² で，横の長さが 6cmの長方形があります。
長方形のたての長さは何cmですか。

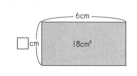

公式にあてはめると

たて　横　面積
□ × 6 = 18

式
$$18 ÷ 6 = 3$$

答え 3 cm

● 面積の広い方を通ってゴールまで行きましょう。□に通った方の面積を書きましょう。

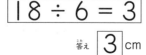
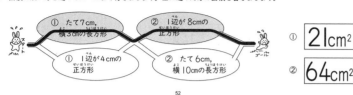

① たて7cm，横3cmの長方形
① 1辺が4cmの正方形
② 1辺が8cmの正方形
② たて6cm，横10cmの長方形

① 21cm²
② 64cm²

52

P.53

面積 (8)

名前　月　日

● あの図形の面積を求めましょう。

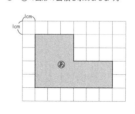

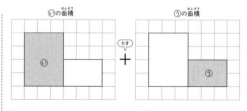

あを⑤と⑤の2つの長方形に分けて計算しよう。そして，⑤と⑤の面積をたし算するよ。

⑤の面積
式
$$4 × 3 = 12$$

⑤の面積
式
$$2 × 3 = 6$$

⑤の面積　⑤の面積　あの面積
式
$$12 + 6 = 18$$

答え 18 cm²

53

P.54

面積 (9)

名前　月　日

● あの図形の面積を求めましょう。

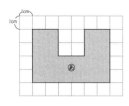

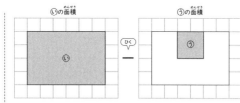

1つの大きな長方形⑤から，小さな正方形⑤の面積をひいて求めるよ。

式
$$4 × 6 = 24$$

式
$$2 × 2 = 4$$

⑤の面積　⑤の面積　あの面積
式
$$24 - 4 = 20$$

答え 20 cm²

54

P.55

面積 (10)

名前　月　日

1辺が1mの正方形の面積を，1平方メートルといい，1m² と書きます。

● 次の図形の面積を求めましょう。

①

式
たて　横
$$3 × 4 = 12$$

答え 12 m²

あは，1m²が4こ分で4m²になるね。

②

式
1辺　1辺
$$2 × 2 = 4$$

答え 4 m²

■ 練習しましょう。

1m² 2m² 3m² 4m² 5m²

55

114

P.56

面積 (11)

	月	日	名前

● 1m² は何 cm² ですか。

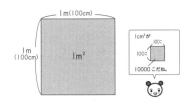

1m は 100 cm だから

100 × 100 = 10000

1m² = 10000 cm²

● たてが 200cm，横が 4m の花だんの面積を求めましょう。

① 長さの単位を cm にそろえて求めましょう。

4m = 400 cm

式 200 × 400 = 80000

答え 80000 cm²

② 長さの単位を m にそろえて求めましょう。

200cm = 2 m

式 2 × 4 = 8

答え 8 m²

P.57

面積 (12)

	月	日	名前

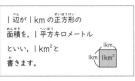

1辺が 1km の正方形の面積を，1平方キロメートルといい，1km² と書きます。

● 次の面積を求めましょう。

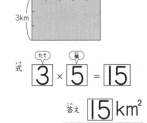

式 3 × 5 = 15

答え 15 km²

● 1km² は何 m² ですか。

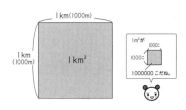

1km は 1000 m だから

1000 × 1000 = 1000000

1km² = 1000000 m²

P.58

面積 (13)

	月	日	名前

1辺が 10m の正方形の面積を，1アール といい，1a と書きます。

1a = 100m²

● 右の図の面積を求めましょう。
① 面積は何 m² ですか。

式 20 × 30 = 600

答え 600 m²

② 面積は何 a ですか。

式 2 × 3 = 6

答え 6 a

1辺が 100m の正方形の面積を，1ヘクタールといい，1ha と書きます。

1ha = 10000m²

● 右の図の面積を求めましょう。
① 面積は何 m² ですか。

式 300 × 300 = 90000

答え 90000 m²

② 面積は何 ha ですか。

式 3 × 3 = 9

答え 9 ha

P.59

面積 (14)

	月	日	名前

● □ にあてはまる数を書きましょう。

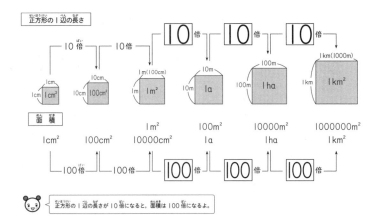

正方形の1辺の長さが 10 倍になると，面積は 100 倍になるよ。

P.60

変わり方調べ (1)

		月	日	名前

● 12このあめを，ゆいさんとあおいさんで分けます。

① ゆいさんとあおいさんのあめの数を表にまとめましょう。

ゆいさんの数（こ）	1	2	3	4	5	6	7	8	9	10	11
あおいさんの数（こ）	11	10	9	8	7	6	5	4	3	2	1

② あてはまることばや数を書きましょう。

ゆいさんのあめの数が1こふえると，

あおいさんのあめの数は1こ **へる**。

ふたりのあめの数をたすと，

いつも **12** こになる。

③ ゆいさんのあめの数を□こ，あおいさんのあめの数を○ことして，あめの数の関係を式に表しましょう。

ゆいさんの　　あおいさんの
あめの数　　　あめの数

□ ＋ ○ ＝ 12

P.61

変わり方調べ (2)

		月	日	名前

● 1辺が1cmの正三角形を，下のようにならべていきます。

① 1こ，2こ，3こ，…のときのまわりの長さを調べましょう。

1こ　　　**3** cm

2こ　　　**4** cm

3こ　　　**5** cm

4こ　　　**6** cm

5こ　　　**7** cm

6こ　　　**8** cm

② 正三角形の数とまわりの長さを表にまとめましょう。

正三角形の数（こ）	1	2	3	4	5	6
まわりの長さ（cm）	3	4	5	6	7	8

③ □にあてはまる数を書きましょう。

まわりの長さは，正三角形の数に **2** をたした数になる。

④ 正三角形の数を□こ，まわりの長さを○cmとして式に表しましょう。

正三角形の数　　　まわりの長さ

□ ＋ 2 ＝ ○

P.62

変わり方調べ (3)

		月	日	名前

● 正方形の1辺の長さを下のように変えていきます。

① 1辺の長さが1cm，2cm，3cm，…のときのまわりの長さを調べましょう。

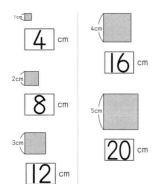

4 cm

8 cm

12 cm

16 cm

20 cm

② 1辺の長さとまわりの長さを表にまとめましょう。

正方形の1辺の長さ（cm）	1	2	3	4	5
まわりの長さ（cm）	4	8	12	16	20

③ □にあてはまる数を書きましょう。

まわりの長さは，1辺の長さの数に **4** をかけた数になる。

④ 正方形の1辺の長さを□cm，まわりの長さを○cmとして式に表しましょう。

1辺の長さ　　　まわりの長さ

□ × 4 ＝ ○

P.63

変わり方調べ (4)

		月	日	名前

● 下の表は，階だんの下からのだんの数と下からの高さを調べたものです。

だんの数（だん）	1	2	3	4	5	6
下からの高さ（cm）	10	20	30	40	50	60

① 表のあいているところに数を書きましょう。

② □にあてはまる数を書きましょう。

だんの数が1ふえると，

高さは **10** cmふえる。

だんの数に **10** をかけると，

下からの高さになる。

③ だんの数を□だん，下からの高さを○cmとして式に表しましょう。

だんの数　　　　下からの高さ

□ × 10 ＝ ○

④ 下から10だんのときの下からの高さを求めましょう。

式

10 × 10 ＝ 100

答え **100** cm

P.64

小数のかけ算（1）　1/10の位までの小数×1けたの整数

名前　月　日

● 2.7×3を
筆算でしましょう。

```
    2.7
×     3
```
➊ 小数点を考えず
右にそろえて書く。

→

```
    2.7
×     3
   ②
    8 1
```
➋ 整数のかけ算と
同じように計算する。

→

```
    2.7
×     3
    8.1
```
➌ かけられる数にそろえて
積の小数点をうつ。

同じように
筆算を
してみよう。

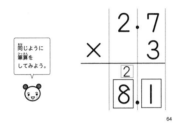

```
    2.7
×     3
   ②
    8.1
```

```
    2.7
×     3
   ②
    8.1
```

P.65

小数のかけ算（2）　1/10の位までの小数×1けたの整数

名前　月　日

● 筆算でしましょう。

① 4.2×6

```
    4.2
×     6
  ①
  2 5.2
```

③ 7.3×4

答えに
小数点を
うとう。

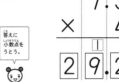

```
    7.3
×     4
  ①
  2 9.2
```

② 3.9×2

```
    3.9
×     2
  ①
    7.8
```

④ 5.6×8

```
    5.6
×     8
  ④
  4 4.8
```

P.66

小数のかけ算（3）　1/10の位までの小数×1けたの整数

名前　月　日

● 筆算でしましょう。

① 3.4×5

0を消して，
答えは
17だね。

```
    3.4
×     5
   ②
  1 7.0
```

③ 2.8×5

```
    2.8
×     5
   ④
  1 4.0
```

② 7.5×6

答えの小数点より
右に0があるときは
0を消しておくよ。

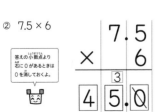

```
    7.5
×     6
   ③
  4 5.0
```

④ 4.5×2

```
    4.5
×     2
   ①
    9.0
```

P.67

小数のかけ算（4）　1/10の位までの小数×2けたの整数

名前　月　日

● 筆算でしましょう。

① 2.4×36

小数点を
わすれない
ように。

```
      2.4
×    3 6
     ②
  1 4 4    …24×6
  ①
  7 2      …24×3
  8 6.4
```
←たす

② 4.8×15

```
      4.8
×    1 5
     ④
  2 4 0
  4 8
  7 2.0
```

③ 3.7×20

答えの小数点より
右に0があるときは
0を消しておくよ。

```
      3.7
×    2 0
    0 0
  ①
  7 4
  7 4.0
```

解答

児童に実施させる前に，必ず指導される方が問題を解いてください。本書の解答は，あくまでも1つの例です。指導される方の作られた解答をもとに，本書の解答例を参考に児童の多様な考えに寄り添って○つけをお願いします。

P.68

小数のかけ算（5）　1/10 の位までの小数 × 2 けたの整数

名前　月　日

● 筆算でしましょう。

① 5.3 × 27

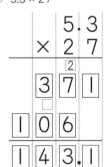

② 7.5 × 64

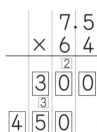

③ 3.9 × 48

68

P.69

小数のかけ算（6）　0.□ × 1 けたの整数

名前　月　日

● 筆算でしましょう。

① 0.4 × 2

答えの一の位の0をわすれずに書こう。

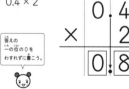

② 0.5 × 6

0を消して，答えは3だね。

③ 0.8 × 7

④ 0.3 × 3

⑤ 0.4 × 5

69

P.70

小数のかけ算（7）　0.□ × 2 けたの整数

名前　月　日

● 筆算でしましょう。

① 0.7 × 73

② 0.5 × 38

答えの0に気をつけよう。

③ 0.9 × 42

70

P.71

小数のかけ算（8）　1/100 の位までの小数 × 1 けたの整数

名前　月　日

● 筆算でしましょう。

① 3.74 × 6

かけられる数の小数点にそろえて答えの小数点をうつよ。

② 4.28 × 5

③ 1.25 × 4

④ 8.06 × 7

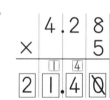

71

P.72

小数のかけ算（9） 　1/100 の位までの小数 × 2けたの整数

名前　月　日

● 筆算でしましょう。

① 2.93 × 16

```
      2 . 9 3
    ×     1 6
    ────────
    1 7 5 8
    2 9 3
    ────────
    4 6 . 8 8
```

② 4.68 × 25

```
      4 . 6 8
    ×     2 5
    ────────
    2 3 4 0
    9 3 6
    ────────
  1 1 7 . 0 0
```

③ 3.77 × 40

```
      3 . 7 7
    ×     4 0
    ────────
    0 0 0
    1 5 0 8
    ────────
  1 5 0 . 8 0
```

72

P.73

小数のかけ算（10） 　0.□□ × 1けたの整数

名前　月　日

● 筆算でしましょう。

① 0.06 × 9

答えの一の位の0をわすれずに書こう。

```
    0 . 0 6
  ×       9
  ────────
  0 . 5 4
```

③ 0.04 × 5

```
    0 . 0 4
  ×       5
  ────────
  0 . 2 0
```

④ 0.78 × 6

```
    0 . 7 8
  ×       6
  ────────
  4 . 6 8
```

② 0.25 × 4

答えの小数点より右にある0に気をつけよう。

```
    0 . 2 5
  ×       4
  ────────
  1 . 0 0
```

⑤ 0.13 × 7

```
    0 . 1 3
  ×       7
  ────────
  0 . 9 1
```

73

P.74

小数のかけ算（11） 　0.□□ × 2けたの整数

名前　月　日

● 筆算でしましょう。

① 0.08 × 52

```
    0 . 0 8
  ×     5 2
  ────────
    1 6
  4 0
  ────────
  4 . 1 6
```

② 0.65 × 74

```
    0 . 6 5
  ×     7 4
  ────────
  2 6 0
  4 5 5
  ────────
  4 8 . 1 0
```

③ 0.09 × 43

```
    0 . 0 9
  ×     4 3
  ────────
    2 7
  3 6
  ────────
  3 . 8 7
```

74

P.75

小数のわり算（1） 　1/10 の位までの小数 ÷ 1けたの整数

名前　月　日

● 5.4 ÷ 3 を筆算でしましょう。

❶たてる　❶たてる

```
        1 . 8
    3 ) 5 . 4
        3
      ──────
        2 4
        2 4
      ──────
        0
```

❷かける
❸ひく
❹おろす

① ❶たてる　❷かける　❸ひく
② わられる数の小数点にそろえて，商の小数点をうつ。
③ ❹おろす　❶たてる　❷かける　❸ひく

同じように筆算をしてみよう。

```
        1 . 8
    3 ) 5 . 4
        3
      ──────
        2 4
        2 4
      ──────
        0
```

75

119

P.76

小数のわり算 (2)　1/10の位までの小数÷1けたの整数

● 筆算でしましょう。

① 9.2÷4　② 7.6÷2　③ 9.8÷7　④ 21.5÷5

①
```
      2.3
  4)9.2
    8
    12
    12
     0
```
❶たてる ❶たてる ❷かける ❶おろす ❸ひく ❷かける ❸ひく

②
```
     3.8
  2)7.6
    6
    16
    16
     0
```

③
```
     1.4
  7)9.8
    7
    28
    28
     0
```

④
```
      4.3
  5)21.5
    20
    15
    15
     0
```

76

P.77

小数のわり算 (3)　1/10の位までの小数÷1けたの整数

● 筆算でしましょう。

① 73.2÷6　② 91.5÷3　③ 63.5÷5　④ 86.8÷4

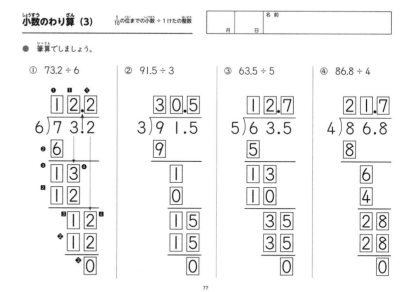

①
```
      12.2
  6)73.2
    6
    13
    12
     12
     12
      0
```

②
```
     30.5
  3)91.5
    9
    01
    0
    15
    15
     0
```

③
```
     12.7
  5)63.5
    5
    13
    10
     35
     35
      0
```

④
```
      21.7
  4)86.8
    8
    6
    4
    28
    28
     0
```

77

P.78

小数のわり算 (4)　1/10の位までの小数÷2けたの整数

● 筆算でしましょう。

① 75.4÷26　② 60.2÷43　③ 81.7÷19

①
```
       2.9
  26)75.4
     52
     234
     234
       0
```

②
```
      1.4
  43)60.2
     43
     172
     172
       0
```

③
```
      4.3
  19)81.7
     76
      57
      57
       0
```

商が
大きすぎたら
1ずつ小さく
していこう。

78

P.79

小数のわり算 (5)　商が0.□になるわり算

● 筆算でしましょう。

① 5.6÷7

5は7より小さい
```
    0
  7)5.6
```
→
```
    0.8
  7)5.6
    5.6
     0
```

商の一の位に
0を書き，小数点を
うってから計算をするよ。

② 2.7÷9
```
    0.3
  9)2.7
    2.7
     0
```

③ 4.8÷6
```
    0.8
  6)4.8
    4.8
     0
```

④ 2.4÷8
```
    0.3
  8)2.4
    2.4
     0
```

⑤ 3.6÷4
```
    0.9
  4)3.6
    3.6
     0
```

商の
一の位の0と
小数点を
わすれずに。

79

120

P.80

小数のわり算 (6)　　商が 0.□ になるわり算

名前　月　日

● 筆算でしましょう。

① 18.2 ÷ 26

18は26より小さい

$$26\overline{\smash{)}\,18.2} \to 26\overline{\smash{)}\,18.2}$$

商の一の位は 0 になるね。

② 34.8 ÷ 58

$$\begin{array}{r} 0.6 \\ 58\overline{\smash{)}34.8} \\ 348 \\ \hline 0 \end{array}$$

③ 25.8 ÷ 43

$$\begin{array}{r} 0.6 \\ 43\overline{\smash{)}25.8} \\ 258 \\ \hline 0 \end{array}$$

④ 37.5 ÷ 75

$$\begin{array}{r} 0.5 \\ 75\overline{\smash{)}37.5} \\ 375 \\ \hline 0 \end{array}$$

⑤ 30.6 ÷ 34

$$\begin{array}{r} 0.9 \\ 34\overline{\smash{)}30.6} \\ 306 \\ \hline 0 \end{array}$$

商の 一の位の 0 と 小数点を わすれずに。

80

P.81

小数のわり算 (7)　　1/100 の位までの小数 ÷ 1けたの整数

名前　月　日

● 筆算でしましょう。

① 9.24 ÷ 2

$$\begin{array}{r} 4.62 \\ 2\overline{\smash{)}9.24} \\ 8 \\ \hline 12 \\ 12 \\ \hline 4 \\ 4 \\ \hline 0 \end{array}$$

② 7.76 ÷ 4

$$\begin{array}{r} 1.94 \\ 4\overline{\smash{)}7.76} \\ 4 \\ \hline 37 \\ 36 \\ \hline 16 \\ 16 \\ \hline 0 \end{array}$$

③ 8.49 ÷ 3

$$\begin{array}{r} 2.83 \\ 3\overline{\smash{)}8.49} \\ 6 \\ \hline 24 \\ 24 \\ \hline 9 \\ 9 \\ \hline 0 \end{array}$$

商の小数点の 位置に 気をつけよう。

81

P.82

小数のわり算 (8)　　1/100 の位までの小数 ÷ 1けたの整数

名前　月　日

● 筆算でしましょう。

① 4.38 ÷ 6

$$\begin{array}{r} 0.73 \\ 6\overline{\smash{)}4.38} \\ 420 \\ \hline 18 \\ 18 \\ \hline 0 \end{array}$$

② 5.12 ÷ 8

$$\begin{array}{r} 0.64 \\ 8\overline{\smash{)}5.12} \\ 48 \\ \hline 32 \\ 32 \\ \hline 0 \end{array}$$

③ 3.44 ÷ 4

$$\begin{array}{r} 0.86 \\ 4\overline{\smash{)}3.44} \\ 32 \\ \hline 24 \\ 24 \\ \hline 0 \end{array}$$

④ 6.65 ÷ 7

$$\begin{array}{r} 0.95 \\ 7\overline{\smash{)}6.65} \\ 63 \\ \hline 35 \\ 35 \\ \hline 0 \end{array}$$

商の一の位は 0 になるね。

82

P.83

小数のわり算 (9)　　1/100 の位までの小数 ÷ 2けたの整数

名前　月　日

● 筆算でしましょう。

① 2.56 ÷ 32

$$\begin{array}{r} 0.08 \\ 32\overline{\smash{)}2.56} \\ 256 \\ \hline 0 \end{array}$$

② 6.58 ÷ 47

$$\begin{array}{r} 0.14 \\ 47\overline{\smash{)}6.58} \\ 47 \\ \hline 188 \\ 188 \\ \hline 0 \end{array}$$

③ 5.04 ÷ 24

$$\begin{array}{r} 0.21 \\ 24\overline{\smash{)}5.04} \\ 48 \\ \hline 24 \\ 24 \\ \hline 0 \end{array}$$

④ 3.71 ÷ 53

$$\begin{array}{r} 0.07 \\ 53\overline{\smash{)}3.71} \\ 371 \\ \hline 0 \end{array}$$

商がたたない位には 0 を書こう。

83

解答
児童に実施させる前に，必ず指導される方が問題を解いてください。本書の解答は，あくまでも１つの例です。指導される方の作られた解答をもとに，本書の解答例を参考に児童の多様な考えに寄り添って○つけをお願いします。

P.84

小数のわり算（10）　0.□□÷整数／わり進むわり算

名前　月　日

● 筆算でしましょう。

① 0.42÷7

$$7 \overline{\smash{)}0.42} \quad 0.06$$
42
0

② 0.63÷9

$$9 \overline{\smash{)}0.63} \quad 0.07$$
63
0

③ 0.76÷19

$$19 \overline{\smash{)}0.76} \quad 0.04$$
76
0

■ 3÷8をわりきれるまで計算しましょう。

$$8 \overline{\smash{)}3.000} \quad 0.375$$
24
60
56
40
40
0

0をつけして，どんどん進んでいこう。がんばって！

ゴール

P.85

小数のわり算（11）　あまりを求めるわり算

名前　月　日

● 商は一の位まで求め，あまりも出しましょう。

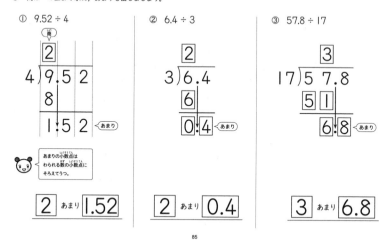

① 9.52÷4

$$4 \overline{\smash{)}9.52} \quad 2$$
8
1.52　←あまり

② 6.4÷3

$$3 \overline{\smash{)}6.4} \quad 2$$
6
0.4　←あまり

③ 57.8÷17

$$17 \overline{\smash{)}57.8} \quad 3$$
51
6.8　←あまり

あまりの小数点はわられる数の小数点にそろえてうつ。

① 2 あまり 1.52
② 2 あまり 0.4
③ 3 あまり 6.8

P.86

小数のわり算（12）　商の四捨五入

名前　月　日

● 商は四捨五入して，$\frac{1}{10}$ の位までのがい数で求めましょう。

① 5.23÷7

十の位　百の位

$$7 \overline{\smash{)}5.23} \quad 0.74$$
4 9
3 3
2 8
5

② 7÷3

十の位　百の位

$$3 \overline{\smash{)}7.00} \quad 2.33$$
6
10
9
10
9
1

③ 17.5÷8

$$8 \overline{\smash{)}17.50} \quad 2.18$$
16
15
8
70
64
6

$\frac{1}{100}$ の位の数字を四捨五入するよ。
0.74 → 0.7

答え　約 0.7
答え　約 2.3
答え　約 2.2

P.87

小数倍（1）

名前　月　日

● あ，い，うの ヒマワリの高さを くらべましょう。

① うの高さは，あの高さの何倍ですか。

あの □倍が う
40×□＝80

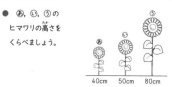

40cm

80cm

0　　　1　　　□

式

80 ÷ 40 ＝ 2

答え　2 倍

② うの高さは，いの高さの何倍ですか。小数で答えましょう。

いの □倍が う
50×□＝80

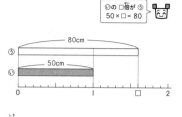

80cm

50cm

0　　　1　　　□　　2

式

80 ÷ 50 ＝ 1.6

答え　1.6 倍

P.88

小数倍 (2)

名前
月　日

● りんご，もも，メロンのねだんをくらべましょう。

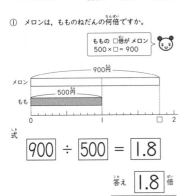

りんご 200円　もも 500円　メロン 900円

① メロンは，もものねだんの何倍ですか。

ももの □倍がメロン
500×□＝900

900円
メロン
もも　500円
0　　　1　　□　2

式　$900 ÷ 500 = 1.8$

答え 1.8 倍

② りんごは，もものねだんの何倍ですか。

ももの □倍がりんご
500×□＝200

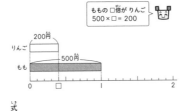

200円
りんご
もも　500円
0　　□　　　1　　　2

式　$200 ÷ 500 = 0.4$

答え 0.4 倍

P.89

直方体と立方体 (1)

名前
月　日

● □にあてはまることばを□から選んで書きましょう。

長方形だけでかこまれた形や，長方形と正方形でかこまれた形を **直方体** といいます。
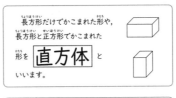

正方形だけでかこまれた形を **立方体** といいます。
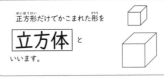

直方体 ・ 立方体

● ㋐，㋑，㋒の名前を□から選んで書きましょう。

直方体　　　立方体

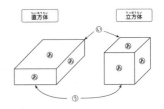

㋐ **面**　　㋑ **頂点**

㋒ **辺**

頂点 ・ 面 ・ 辺

P.90

直方体と立方体 (2)

名前
月　日

● 直方体と立方体の面の数，辺の数，頂点の数を表にまとめましょう。

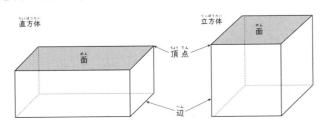

直方体　　面　　　立方体　　面　頂点　辺

	辺の数	面の数	頂点の数
直方体	12	6	8
立方体	12	6	8

直方体と立方体の数をくらべてみよう。

P.91

直方体と立方体 (3)

名前
月　日

● 次の直方体について調べましょう。

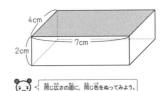
4cm　7cm　2cm

同じ広さの面に，同じ色をぬってみよう。

① 次の長さの辺の数はそれぞれいくつですか。

7cm 4　　4cm 4

2cm 4　　辺の数は全部で12

② 次の広さの面の数はそれぞれいくつですか。

7cm 2cm　→ 2

4cm 2cm　→ 2

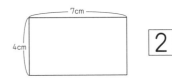
7cm 4cm　→ 2

P.92

直方体と立方体 (4)

	名前
月 日	

● 次の直方体について調べましょう。

① 次の長さの辺の数はそれぞれいくつですか。

2cm **8**　4cm **4**

② 次の広さの面の数はそれぞれいくつですか。

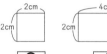

2　**4**

● 次の立方体について調べましょう。

① 3cm の辺の数はいくつですか。

12

② 次の広さの面の数はいくつですか。

6

92

P.93

直方体と立方体 (5)

	名前
月 日	

● 下の直方体の展開図の続きをかきましょう。

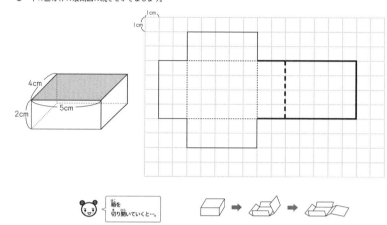

箱を
切り開いていくと…。

93

P.94

直方体と立方体 (6)

	名前
月 日	

● 下の立方体の展開図を見て答えましょう。

展開図を切り取って組み立てながら調べよう。

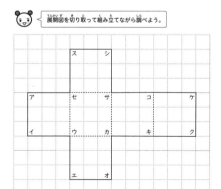

① 点アと重なる点はどれですか。

点 **ス**

点 **ケ**

② 辺カキと重なる辺はどれですか。

辺 **カオ**

94

P.95

直方体と立方体 (7)

	名前
月 日	

● 次の直方体の面について調べましょう。

① 面あに平行な面はどれですか。

直方体の
向かい合った面は
平行だよ。

面 **う**

② 面いに平行な面はどれですか。

面 **え**

③ 面おに平行な面はどれですか。

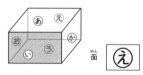

面 **か**

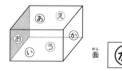

95

児童に実施させる前に，必ず指導される方が問題を解いてください。本書の解答は，あくまでも1つの例です。指導される方の作られた解答をもとに，本書の解答例を参考に児童の多様な考えに寄り添って〇つけをお願いします。　　◀ **解答**

P.96

直方体と立方体（8）

	名 前
月　　日	

● 次の直方体の面について調べましょう。

① 面㋐に垂直な面をすべて書きましょう。

面㋐ととなり合った面は
すべて垂直の関係だよ。

面 $\boxed{あ}$　　面 $\boxed{い}$

面 $\boxed{う}$　　面 $\boxed{え}$

② 面㋐に垂直な面をすべて書きましょう。

面㋐ととなり合っている
面はどれかな。

面 $\boxed{い}$　　面 $\boxed{か}$

面 $\boxed{え}$　　面 $\boxed{お}$

96

P.97

直方体と立方体（9）

	名 前
月　　日	

● 次の直方体の辺について調べましょう。

① 辺アイに平行な辺をすべて書きましょう。

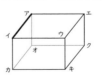

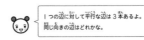
1つの辺に対して平行な辺は3本あるよ。
同じ向きの辺はどれかな。

辺 $\boxed{エウ}$　　辺 $\boxed{オカ}$

辺 $\boxed{クキ}$

② 辺アイに垂直な辺をすべて書きましょう。

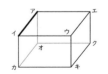

1つの辺に対して
垂直な辺は4本あるよ。

辺 $\boxed{アエ}$　　辺 $\boxed{アオ}$

辺 $\boxed{イウ}$　　辺 $\boxed{イカ}$

97

P.98

直方体と立方体（10）

	名 前
月　　日	

● 次の直方体の面と辺について調べましょう。

① 面アイウエに平行な辺をすべて書きましょう。

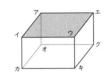

面アイウエに平行な面は
面オカキクになるね。

辺 $\boxed{オカ}$　　辺 $\boxed{カキ}$

辺 $\boxed{キク}$　　辺 $\boxed{クオ}$

② 面アイウエに垂直な辺をすべて書きましょう。

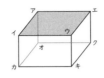

1つの面に対して
垂直な辺は4本あるよ。

辺 $\boxed{アオ}$　　辺 $\boxed{イカ}$

辺 $\boxed{ウキ}$　　辺 $\boxed{エク}$

98

P.99

直方体と立方体（11）

	名 前
月　　日	

● 下のような直方体と立方体の見取図の続きをかきましょう。

直方体

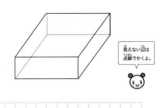

見えない辺は
点線でかくよ。

立方体

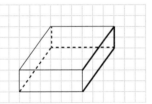

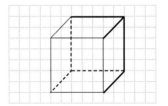

99

125

解答

児童に実施させる前に，必ず指導される方が問題を解いてください。本書の解答は，あくまでも1つの例です。指導される方の作られた解答をもとに，本書の解答例を参考に児童の多様な考えに寄り添って○つけをお願いします。

P.100

直方体と立方体（12）

	月	日	名 前

● 点アの位置をもとにして，点イ〜オの位置を表しましょう。

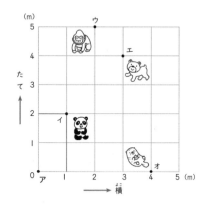

点ア（横 0m， たて 0m）

点イ（横 1m， たて 2m）

点ウ（横 2m， たて 5m）

点エ（横 3m， たて 4m）

点オ（横 4m， たて 0m）

横→たてのじゅんで
位置を調べよう。

100

P.101

直方体と立方体（13）

	月	日	名 前

● 点アの位置をもとにして，動物の位置を表しましょう。

横→たて→高さ のじゅんに
位置を調べよう。

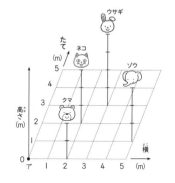

ネコ（横 2m， たて 2m， 高さ 3m）

クマ（横 2m， たて 0m， 高さ 2m）

ウサギ（横 3m， たて 3m， 高さ 4m）

ゾウ（横 5m， たて 1m， 高さ 3m）

101

126

喜楽研の支援教育シリーズ

ゆっくり ていねいに 学べる

算数教科書支援ワーク　4-②

2023 年 3 月 1 日　　第 1 刷発行

イ ラ ス ト：　山口 亜耶 他
表紙イラスト：　鹿川 美佳
表紙デザイン：　エガオデザイン
企画・編著：　原田 善造・あおい えむ・今井 はじめ・さくら りこ
　　　　　　　中田 こういち・なむら じゅん・ほしの ひかり・堀越 じゅん
　　　　　　　みやま りょう（他 4 名）
編 集 担 当：　桂　真紀

発　行　者：　岸本 なおこ
発　行　所：　喜楽研（わかる喜び学ぶ楽しさを創造する教育研究所：略称）
　　　　　　　〒604-0827　京都府京都市中京区高倉通二条下ル瓦町 543-1
　　　　　　　TEL　075-213-7701　FAX　075-213-7706
　　　　　　　HP　https://www.kirakuken.co.jp
印　　　刷：　創栄図書印刷株式会社

ISBN:978-4-86277-404-0

Printed in Japan

喜楽研 WEB サイト
書籍の最新情報（正誤表含む）は
喜楽研 WEB サイトをご覧下さい。

学校現場では，本書ワークシートをコピー・印刷して児童に配布できます。
学習する児童の実態にあわせて，拡大してお使い下さい。

※教育目的や私的使用の範囲を超えた印刷・複製は著作権侵害にあたりますので，絶対にお止めください。
　著作権侵害が明らかになった場合，弊社は速やかに法的措置をとらせていただきます。